# LARGE PRINT
# SUDOKU

## EASY TO READ PUZZLES

ARCTURUS

ARCTURUS

This edition published in 2016 by Arcturus Publishing Limited
26/27 Bickels Yard, 151–153 Bermondsey Street,
London SE1 3HA

ISBN: 978-1-78428-278-3
AD004297NT

Printed in China

# Contents

**Puzzles:**

 **Beginners**

For those who are new to sudoku

 **Gentle**

Warm up with these puzzles

 **Engrossing**

Give your mind a work-out

 **Challenging**

Hone your solving skills with these teasers

 **Expert**

Strictly for the initiated

**Solutions**

# An Introduction to Sudoku

Each puzzle begins with a grid in which some numbers are already placed:

| | | | | | | | | |
|---|---|---|---|---|---|---|---|---|
| | 9 | 6 | | | 8 | | 3 | |
| | | 1 | | 4 | 2 | | | |
| 5 | | | | | | 8 | 1 | 9 |
| 4 | | 7 | 1 | 2 | | | | 3 |
| | | 8 | 7 | | 6 | 5 | | |
| 2 | | | | 9 | 4 | 6 | | 1 |
| 8 | 7 | 2 | | | | | | 5 |
| | | | 3 | 5 | | 1 | | |
| | 3 | | 2 | | | 4 | 6 | |

You need to work out where the other numbers might fit. The numbers used in a sudoku puzzle are 1, 2, 3, 4, 5, 6, 7, 8 and 9 (0 is never used).

For example, in the top left box the number cannot be 9, 6, 8 or 3 (these numbers are already in the top row); nor 5, 4 or 2 (these numbers are already in the far left column); nor 1 (this number is already in the top left box of nine squares), so the number in the top left square is 7, since that is the only possible remaining number.

A completed puzzle is one where every row, every column and every box contains nine different numbers:

Column ↓

Row →

Box →

| | | | | | | | | |
|---|---|---|---|---|---|---|---|---|
| 7 | 9 | 6 | 5 | 1 | 8 | 2 | 3 | 4 |
| 3 | 8 | 1 | 9 | 4 | 2 | 7 | 5 | 6 |
| 5 | 2 | 4 | 6 | 7 | 3 | 8 | 1 | 9 |
| 4 | 6 | 7 | 1 | 2 | 5 | 9 | 8 | 3 |
| 9 | 1 | 8 | 7 | 3 | 6 | 5 | 4 | 2 |
| 2 | 5 | 3 | 8 | 9 | 4 | 6 | 7 | 1 |
| 8 | 7 | 2 | 4 | 6 | 1 | 3 | 9 | 5 |
| 6 | 4 | 9 | 3 | 5 | 7 | 1 | 2 | 8 |
| 1 | 3 | 5 | 2 | 8 | 9 | 4 | 6 | 7 |

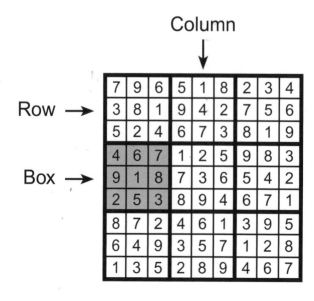

# 1

★

| | | | | | | | | |
|---|---|---|---|---|---|---|---|---|
| 6 | 4 | 1 | 9 | 3 | 7 | 2 | 5 | 8 |
| 5 | 2 | 3 | 6 | 8 | 4 | 1 | 9 | 7 |
| 9 | 8 | 7 | 1 | 5 | 2 | 4 | 6 | 3 |
| 2 | 3 | 9 | 5 | 1 | 6 | 8 | 7 | 4 |
| 4 | 1 | 6 | 7 | 9 | 8 | 3 | 2 | 5 |
| 7 | 5 | 8 | 2 | 4 | 3 | 9 | 1 | 6 |
| 8 | 6 | 2 | 4 | 7 | 9 | 5 | 3 | 1 |
| 1 | 7 | 4 | 3 | 2 | 5 | 6 | 8 | 9 |
| 3 | 9 | 5 | 8 | 6 | 1 | 7 | 4 | 2 |

# 2

★

| | | | | | | | | |
|---|---|---|---|---|---|---|---|---|
| 8 | 3 | 9 | 1 | 6 | 2 | 5 | 4 | 7 |
| 1 | 5 | 6 | 7 | 8 | 4 | 3 | 9 | 2 |
| 4 | 7 | 2 | 9 | 3 | 5 | 1 | 6 | 8 |
| 7 | 1 | 4 | 6 | 2 | 8 | 9 | 3 | 5 |
| 2 | 9 | 3 | 4 | 5 | 1 | 7 | 8 | 6 |
| 5 | 6 | 8 | 3 | 9 | 7 | 4 | 2 | 1 |
| 3 | 2 | 5 | 8 | 7 | 9 | 6 | 1 | 4 |
| 6 | 8 | 1 | 5 | 4 | 3 | 2 | 7 | 9 |
| 9 | 4 | 7 | 2 | 1 | 6 | 8 | 5 | 3 |

| 8 | 4 | 5 | 7 | 3 | 2 | 1 | 9 | 6 |
|---|---|---|---|---|---|---|---|---|
| 3 | 2 | 9 | 6 | 4 | 1 | 8 | 7 | 5 |
| 6 | 1 | 7 | 5 | 9 | 8 | 4 | 3 | 2 |
| 5 | 6 | 3 | 1 | 2 | 9 | 7 | 8 | 4 |
| 4 | 9 | 1 | 8 | 7 | 5 | 2 | 6 | 3 |
| 7 | 8 | 2 | 3 | 6 | 4 | 5 | 1 | 9 |
| 9 | 7 | 4 | 2 | 8 | 3 | 6 | 5 | 1 |
| 2 | 5 | 8 | 9 | 1 | 6 | 3 | 4 | 7 |
| 1 | 3 | 6 | 4 | 5 | 7 | 9 | 2 | 8 |

# 4

| | | | | | | | | |
|---|---|---|---|---|---|---|---|---|
| 7 | 5 | 4 | 1 | 2 | 3 | 9 | 6 | 8 |
| 9 | 6 | 1 | 5 | 7 | 8 | 3 | 2 | 4 |
| 2 | 3 | 8 | 9 | 6 | 4 | 7 | 5 | 1 |
| 8 | 2 | 3 | 7 | 5 | 6 | 4 | 1 | 9 |
| 4 | 7 | 9 | 8 | 1 | 2 | 5 | 3 | 6 |
| 5 | 1 | 6 | 4 | 3 | 9 | 8 | 7 | 2 |
| 3 | 9 | 2 | 6 | 4 | 5 | 1 | 8 | 7 |
| 1 | 4 | 5 | 2 | 8 | 7 | 6 | 9 | 3 |
| 6 | 8 | 7 | 3 | 9 | 1 | 2 | 4 | 5 |

| 7 | 2 |   | 6 |   | 9 |   |   |   |
|   | 9 | 8 | 1 | 5 | 3 |   |   |   |
|   | 5 |   |   | 7 |   | 6 | 9 | 1 |
| 3 |   |   | 4 |   | 8 | 7 |   |   |
| 2 | 6 |   |   | 1 |   |   | 4 | 8 |
|   |   | 9 | 2 |   | 7 |   |   | 3 |
| 1 | 3 | 4 |   | 2 |   |   | 5 |   |
|   |   |   | 9 | 8 | 1 | 2 | 3 |   |
|   |   |   | 5 |   | 4 |   | 7 | 6 |

| | 8 | 9 | | 5 | | | | 7 |
|---|---|---|---|---|---|---|---|---|
| | 3 | 2 | | | 9 | | 1 | 6 |
| 5 | | 4 | 2 | 6 | | | 8 | |
| | 9 | | 5 | | | 6 | | |
| 3 | 5 | | 1 | 2 | 8 | | 9 | 4 |
| | | 7 | | | 3 | | 2 | |
| | 7 | | | 1 | 2 | 8 | | 3 |
| 1 | 6 | | 9 | | | 4 | 7 | |
| 4 | | | | 8 | | 9 | 5 | |

# 7

★

| | | | | | | | | |
|---|---|---|---|---|---|---|---|---|
| | | 6 | | | 7 | | 9 | |
| 1 | 9 | 5 | | | 4 | 7 | | 6 |
| 3 | | | 6 | 8 | 9 | | | 1 |
| | | 9 | 8 | | 3 | | 5 | |
| 2 | | 4 | | 6 | | 3 | | 8 |
| | 8 | | 7 | | 2 | 6 | | |
| 4 | | | 3 | 2 | 6 | | | 7 |
| 9 | | 1 | 5 | | | 2 | 3 | 4 |
| | 3 | | 4 | | | 8 | | |

# 8

★

| | | | | | | | | |
|---|---|---|---|---|---|---|---|---|
| | | 5 | | | 7 | 9 | | 1 |
| 7 | 8 | 3 | 4 | | | 2 | 6 | |
| | | | | 6 | 5 | | | 4 |
| 3 | 1 | | | 7 | 4 | | 5 | |
| 8 | | 4 | 9 | | 3 | 1 | | 6 |
| | 7 | | 1 | 2 | | | 4 | 9 |
| 4 | | | 7 | 1 | | | | |
| | 6 | 7 | | | 9 | 4 | 2 | 8 |
| 9 | | 2 | 8 | | | 5 | | |

| | 5 | | | 9 | 1 | | 7 | |
|---|---|---|---|---|---|---|---|---|
| 9 | | 6 | | | 3 | 4 | | |
| 2 | 7 | 4 | | | | 9 | 1 | 3 |
| | | 7 | 6 | | 9 | | 5 | |
| 1 | | | 2 | 5 | 4 | | | 7 |
| | 9 | | 1 | | 8 | 3 | | |
| 5 | 8 | 1 | | | | 7 | 3 | 2 |
| | | 2 | 5 | | | 8 | | 9 |
| | 6 | | 3 | 8 | | | 4 | |

| 4 |   | 1 |   |   | 5 | 6 |   | 3 |
|   | 9 |   |   | 2 | 6 | 5 |   | 7 |
| 6 |   |   | 9 |   | 3 | 2 |   |   |
|   | 3 |   |   | 7 | 2 |   | 4 |   |
| 1 | 8 |   |   | 9 |   |   | 7 | 2 |
|   | 7 |   | 1 | 3 |   |   | 6 |   |
|   |   | 5 | 8 |   | 1 |   |   | 9 |
| 7 |   | 2 | 3 | 4 |   |   | 5 |   |
| 9 |   | 8 | 2 |   |   | 4 |   | 1 |

| | 6 | | 4 | 1 | | | 8 | 3 |
|---|---|---|---|---|---|---|---|---|
| 2 | | 5 | 9 | | 3 | | | 1 |
| | 3 | | | | 8 | 2 | | 7 |
| 7 | | | | 2 | | 4 | 3 | |
| | | 2 | 5 | 3 | 7 | 9 | | |
| | 5 | 8 | | 9 | | | | 6 |
| 5 | | 1 | 7 | | | | 6 | |
| 4 | | | 2 | | 1 | 8 | | 9 |
| 8 | 9 | | | 4 | 5 | | 7 | |

# 12

★

| | | | | | | | | |
|---|---|---|---|---|---|---|---|---|
| 1 | | 3 | 2 | 4 | | 6 | | 5 |
| | 7 | | | | 5 | 1 | | 9 |
| | | | 7 | | 9 | | 3 | |
| 6 | | 9 | 5 | | 3 | 2 | | 7 |
| | 8 | | | 2 | | | 6 | |
| 5 | | 2 | 1 | | 6 | 9 | | 4 |
| | 1 | | 4 | | 2 | | | |
| 3 | | 5 | 8 | | | | 4 | |
| 9 | | 4 | | 6 | 7 | 8 | | 1 |

13 ★

| | | | | | | | | |
|---|---|---|---|---|---|---|---|---|
| 7 | | 9 | 5 | 8 | | | 6 | |
| | 4 | 1 | 9 | | | 8 | | 2 |
| 6 | | | | | 7 | | 5 | 3 |
| 2 | 6 | 8 | 3 | 9 | | | | |
| | 7 | | | 5 | | | 1 | |
| | | | | 2 | 4 | 3 | 8 | 6 |
| 8 | 2 | | 1 | | | | | 5 |
| 9 | | 7 | | | 3 | 4 | 2 | |
| | 1 | | | 4 | 5 | 7 | | 8 |

# 14

★

| | | | | | | | | |
|---|---|---|---|---|---|---|---|---|
| 4 | | 3 | | | 8 | 5 | | 7 |
| 6 | 1 | | | 5 | | | | 4 |
| 5 | 9 | | 4 | | | | 3 | 1 |
| | 5 | | 9 | 3 | | 7 | 4 | |
| | | 9 | | 8 | | 1 | | |
| | 8 | 4 | | 6 | 2 | | 5 | |
| 7 | 6 | | | | 5 | | 2 | 3 |
| 8 | | | | 7 | | | 1 | 6 |
| 9 | | 2 | 1 | | | 8 | | 5 |

| 4 | 3 | 1 | 2 |   |   |   | 9 |   |
|---|---|---|---|---|---|---|---|---|
|   |   | 9 |   | 8 | 7 |   |   | 5 |
|   | 5 |   | 9 |   | 3 | 2 | 1 |   |
|   | 7 |   |   | 6 |   | 1 |   | 9 |
|   | 4 |   | 8 | 3 | 9 |   | 7 |   |
| 3 |   | 5 |   | 1 |   |   | 6 |   |
|   | 2 | 3 | 6 |   | 4 |   | 8 |   |
| 6 |   |   | 5 | 9 |   | 4 |   |   |
|   | 8 |   |   |   | 1 | 6 | 5 | 7 |

16 ★

| | | | | | | | | |
|---|---|---|---|---|---|---|---|---|
| 9 | | 7 | | 8 | | 6 | | 4 |
| | 3 | 6 | 4 | | | 2 | 8 | |
| 5 | | 8 | | | 6 | 9 | | 3 |
| 4 | 6 | | 1 | 7 | | | | |
| | 5 | | | 4 | | | 9 | |
| | | | | 3 | 5 | | 2 | 6 |
| 7 | | 2 | 8 | | | 3 | | 1 |
| | 1 | 5 | | | 9 | 8 | 4 | |
| 6 | | 4 | | 2 | | 7 | | 9 |

| 6 |   | 3 | 5 |   | 7 | 4 |   |   |
|   |   | 7 | 9 | 3 |   |   | 6 | 8 |
|   | 2 | 9 |   |   | 4 |   | 1 |   |
|   |   |   |   | 6 | 5 |   | 3 | 7 |
| 4 | 3 |   | 7 |   | 1 |   | 8 | 5 |
| 2 | 7 |   | 8 | 9 |   |   |   |   |
|   | 6 |   | 3 |   |   | 8 | 2 |   |
| 8 | 5 |   |   | 4 | 6 | 3 |   |   |
|   |   | 4 | 2 |   | 8 | 1 |   | 6 |

|   | 5 | 6 |   |   | 7 | 4 | 8 |   |
|---|---|---|---|---|---|---|---|---|
| 7 |   | 9 |   | 2 |   | 5 | 6 |   |
| 8 |   | 1 | 6 |   |   | 2 |   | 9 |
| 3 | 2 |   |   | 1 | 4 |   |   |   |
|   | 7 |   |   | 5 |   |   | 4 |   |
|   |   |   | 8 | 9 |   |   | 3 | 5 |
| 1 |   | 7 |   |   | 3 | 6 |   | 4 |
|   | 8 | 3 |   | 6 |   | 9 |   | 7 |
|   | 6 | 2 | 5 |   |   | 3 | 1 |   |

| 8 |   |   |   | 9 | 3 | 1 | 6 |   |
|---|---|---|---|---|---|---|---|---|
|   | 3 | 4 | 7 | 2 |   |   | 8 |   |
| 9 |   |   |   |   | 8 |   |   | 4 |
|   | 5 | 7 | 1 |   | 6 | 2 | 9 |   |
| 2 |   |   |   | 5 |   |   |   | 3 |
|   | 9 | 8 | 2 |   | 4 | 6 | 5 |   |
| 1 |   |   | 9 |   |   |   |   | 6 |
|   | 2 |   |   | 8 | 5 | 4 | 1 |   |
|   | 4 | 9 | 6 | 1 |   |   |   | 7 |

| 8 | 2 |   | 4 |   |   | 7 | 6 |   |
|---|---|---|---|---|---|---|---|---|
| 9 |   |   |   | 1 |   | 3 | 4 |   |
|   |   | 6 | 7 | 8 |   | 5 |   | 1 |
|   | 7 |   |   |   | 6 | 9 |   |   |
| 5 | 3 |   | 2 | 7 | 4 |   | 1 | 6 |
|   |   | 8 | 1 |   |   |   | 3 |   |
| 6 |   | 4 |   | 2 | 7 | 1 |   |   |
|   | 1 | 3 |   | 4 |   |   |   | 5 |
|   | 9 | 5 |   |   | 1 |   | 8 | 2 |

## 21

★★

| | | | | | | | | |
|---|---|---|---|---|---|---|---|---|
| 7 | | | | 1 | | 4 | 6 | |
| 2 | | 3 | | | | 9 | 5 | |
| | | | | 2 | 5 | | 8 | 1 |
| | 2 | | | | 1 | 6 | | |
| 8 | | 6 | 4 | | 3 | 1 | | 9 |
| | | 5 | 9 | | | | 7 | |
| 9 | 4 | | 5 | 3 | | | | |
| | 8 | 7 | | | | 2 | | 3 |
| | 6 | 1 | | 4 | | | | 8 |

## 22

★★

| | | | | | | | | |
|---|---|---|---|---|---|---|---|---|
| | | 3 | 7 | | | | 5 | 4 |
| | | | 3 | | | 6 | | |
| 7 | 6 | | | 9 | 1 | | | 3 |
| 2 | 3 | | 6 | | | | 4 | 8 |
| | | 9 | | 8 | | 7 | | |
| 8 | 1 | | | | 5 | | 9 | 2 |
| 9 | | | 8 | 3 | | | 6 | 5 |
| | | 5 | | | 2 | | | |
| 6 | 2 | | | | 4 | 1 | | |

| | 8 | | | 6 | 1 | 2 | | |
|---|---|---|---|---|---|---|---|---|
| 1 | | | 2 | | | 3 | | 7 |
| | 6 | 3 | | | 9 | | | 4 |
| | | | 9 | 4 | | 5 | 7 | 3 |
| | | 2 | | | | 8 | | |
| 5 | 9 | 7 | | 3 | 6 | | | |
| 3 | | | 4 | | | 6 | 2 | |
| 9 | | 1 | | | 8 | | | 5 |
| | | 5 | 1 | 7 | | | 4 | |

| | | 7 | | 6 | | | 9 | 2 |
|---|---|---|---|---|---|---|---|---|
| | | | | 8 | 5 | 6 | | 4 |
| | 1 | 8 | | | | | 3 | 5 |
| | 5 | | 3 | | | | | 7 |
| | 2 | 4 | 9 | | 1 | 3 | 6 | |
| 8 | | | | | 6 | | 2 | |
| 4 | 7 | | | | | 1 | 8 | |
| 9 | | 3 | 5 | 1 | | | | |
| 2 | 6 | | | 9 | | 4 | | |

| | 9 | | | 1 | | 8 | 6 | 7 |
|---|---|---|---|---|---|---|---|---|
| | 4 | | | | 8 | | | |
| | 5 | | 9 | 7 | | | | |
| 6 | | 8 | 4 | | 7 | 5 | | 1 |
| | 7 | 2 | | | | 6 | 3 | |
| 4 | | 5 | 2 | | 3 | 9 | | 8 |
| | | | | 2 | 9 | | 5 | |
| | | | 3 | | | | 1 | |
| 3 | 6 | 9 | | 4 | | | 8 | |

| | | | 8 | 3 | 7 | | 1 | |
| | | | 1 | | 2 | | 4 | |
| 2 | 1 | 7 | | 6 | | | 3 | |
| | | 8 | 6 | | 4 | | | 1 |
| | 9 | 5 | | | | 4 | 2 | |
| 6 | | | 5 | | 9 | 8 | | |
| | 3 | | | 4 | | 7 | 8 | 9 |
| | 6 | | 9 | | 3 | | | |
| | 8 | | 7 | 5 | 1 | | | |

| 5 |   | 6 | 2 | 3 |   |   |   |   |
|   |   | 3 | 4 |   | 7 |   |   | 2 |
| 4 |   |   | 6 |   |   | 8 |   | 9 |
|   | 2 |   |   | 4 | 8 |   | 5 |   |
| 3 | 5 |   |   |   |   |   | 1 | 8 |
|   | 9 |   | 3 | 5 |   |   | 4 |   |
| 8 |   | 9 |   |   | 3 |   |   | 7 |
| 7 |   |   | 8 |   | 1 | 6 |   |   |
|   |   |   |   | 9 | 4 | 3 |   | 5 |

# 28

★★

| | | | | | | | | |
|---|---|---|---|---|---|---|---|---|
| | | 9 | | 4 | | 5 | | |
| | 2 | | 7 | | 1 | | 9 | |
| 4 | | 6 | | 8 | | 7 | | 2 |
| 7 | | 8 | 3 | | 2 | 1 | | 4 |
| | 3 | | 5 | | 4 | | 7 | |
| 5 | | 4 | 8 | | 7 | 9 | | 3 |
| 6 | | 3 | | 5 | | 2 | | 7 |
| | 4 | | 1 | | 3 | | 6 | |
| | | 1 | | 7 | | 3 | | |

★★

# 29

| | | | | | | | | |
|---|---|---|---|---|---|---|---|---|
| 5 | 6 | | 3 | 7 | | | 4 | |
| 7 | | | | | 1 | 5 | | |
| 3 | | 9 | | | 4 | | 8 | |
| 4 | | | | 1 | | 7 | 2 | |
| | | 1 | 4 | | 3 | 6 | | |
| | 3 | 5 | | 6 | | | | 8 |
| | 2 | | 5 | | | 1 | | 4 |
| | | 3 | 2 | | | | | 9 |
| | 8 | | | 9 | 7 | | 5 | 2 |

| | | 8 | | 7 | | 5 | | |
|---|---|---|---|---|---|---|---|---|
| 5 | | | 9 | | 1 | | | 3 |
| 3 | 2 | | 5 | | 6 | | 4 | 7 |
| | | 4 | 1 | 5 | 8 | 7 | | |
| 6 | 5 | | | | | | 1 | 9 |
| | | 1 | 6 | 9 | 7 | 4 | | |
| 1 | 9 | | 2 | | 4 | | 7 | 8 |
| 8 | | | 7 | | 5 | | | 1 |
| | | 2 | | 1 | | 3 | | |

| | 5 | 7 | | | 6 | 3 | 2 | |
| | | 3 | | 5 | | 1 | | |
| 2 | | 4 | 3 | | | 5 | | 8 |
| 3 | 7 | | 8 | 2 | | | | |
| | 4 | | | | | | 8 | |
| | | | | 1 | 9 | | 3 | 6 |
| 9 | | 2 | | | 5 | 7 | | 1 |
| | | 1 | | 7 | | 6 | | |
| | 6 | 5 | 4 | | | 8 | 9 | |

| 2 |   |   | 6 |   |   |   | 7 | 3 |
|---|---|---|---|---|---|---|---|---|
| 8 | 6 |   | 9 | 1 |   |   |   |   |
|   | 1 |   | 2 |   | 4 |   |   | 9 |
|   |   | 3 | 1 | 8 |   | 2 |   |   |
| 1 |   | 8 |   |   |   | 5 |   | 7 |
|   |   | 9 |   | 2 | 7 | 8 |   |   |
| 4 |   |   | 7 |   | 5 |   | 6 |   |
|   |   |   |   | 3 | 2 |   | 1 | 8 |
| 7 | 3 |   |   |   | 1 |   |   | 4 |

# 35

★★

| | | | | | | | | |
|---|---|---|---|---|---|---|---|---|
| | 1 | 4 | | | 6 | | 2 | |
| 6 | 2 | | | 3 | 7 | 4 | | |
| | | | | | 1 | 9 | | 5 |
| | 5 | | | | 9 | 1 | | 2 |
| 7 | | | 8 | | 4 | | | 9 |
| 2 | | 8 | 1 | | | | 3 | |
| 8 | | 3 | 7 | | | | | |
| | | 9 | 6 | 5 | | | 4 | 3 |
| | 6 | | 4 | | | 8 | 7 | |

| | 1 | | 4 | | | 2 | 5 | |
|---|---|---|---|---|---|---|---|---|
| 5 | 3 | 4 | | | | | | 8 |
| | | | 6 | 7 | | 3 | | |
| 1 | | | | 6 | 3 | 9 | | 7 |
| | | 8 | 2 | | 9 | 4 | | |
| 3 | | 2 | 7 | 5 | | | | 6 |
| | | 3 | | 8 | 1 | | | |
| 8 | | | | | | 6 | 9 | 4 |
| | 2 | 7 | | | 6 | | 1 | |

| 6 |   | 7 | 5 |   |   |   | 3 |   |
|---|---|---|---|---|---|---|---|---|
| 9 | 2 |   |   | 8 | 6 |   | 5 |   |
| 8 |   |   | 4 |   |   | 9 |   |   |
|   | 6 | 9 |   | 2 |   |   |   | 3 |
|   |   | 4 | 6 |   | 5 | 2 |   |   |
| 5 |   |   |   | 4 |   | 8 | 1 |   |
|   |   | 6 |   |   | 1 |   |   | 7 |
|   | 3 |   | 8 | 7 |   |   | 9 | 1 |
|   | 1 |   |   |   | 9 | 4 |   | 5 |

| | 7 | 2 | 4 | | 3 | 9 | 6 | |
| 8 | | | | 6 | | | | 4 |
| | 6 | | 2 | | 1 | | 7 | |
| 2 | | | 6 | 1 | 7 | | | 3 |
| | 9 | 6 | | | | 1 | 5 | |
| 3 | | | 5 | 9 | 2 | | | 6 |
| | 8 | | 9 | | 6 | | 1 | |
| 1 | | | | 2 | | | | 7 |
| | 2 | 3 | 1 | | 5 | 4 | 8 | |

★★

| | | | | | | | | |
|---|---|---|---|---|---|---|---|---|
| | | 8 | 5 | 3 | | | 7 | |
| | | | | | 1 | 2 | 8 | 5 |
| 6 | 4 | | 8 | | | | | 9 |
| | 5 | 4 | | 1 | | | | 8 |
| 7 | | | 9 | | 3 | | | 2 |
| 2 | | | | 8 | | 3 | 1 | |
| 5 | | | | | 4 | | 6 | 1 |
| 4 | 1 | 7 | 6 | | | | | |
| | 3 | | | 9 | 2 | 5 | | |

# 40

★★

| | | | | | | | | |
|---|---|---|---|---|---|---|---|---|
| 2 | | 9 | | 5 | | | 7 | |
| 3 | | | 4 | 6 | | 1 | | 9 |
| | | | | | 2 | 6 | 8 | 5 |
| | | | 7 | 8 | | | 4 | |
| | 2 | 1 | | | | 8 | 3 | |
| | 4 | | | 3 | 1 | | | |
| 4 | 5 | 6 | 9 | | | | | |
| 7 | | 8 | | 1 | 6 | | | 2 |
| | 1 | | | 7 | | 5 | | 3 |

| 2 |   |   |   |   |   | 9 | 8 | 7 |
|   |   | 8 |   | 3 | 1 |   |   |   |
|   | 7 | 5 |   |   | 9 |   | 4 |   |
| 3 |   | 6 | 8 | 1 |   |   |   | 4 |
|   |   | 9 | 6 |   | 5 | 2 |   |   |
| 1 |   |   |   | 7 | 3 | 5 |   | 8 |
|   | 4 |   | 1 |   |   | 3 | 5 |   |
|   |   |   | 4 | 2 |   | 8 |   |   |
| 9 | 6 | 1 |   |   |   |   |   | 2 |

|   | 8 | 2 |   |   | 9 |   | 6 |   |
|---|---|---|---|---|---|---|---|---|
|   | 6 |   | 8 |   | 5 | 7 |   |   |
|   |   |   |   | 2 | 3 | 9 | 4 |   |
| 1 |   |   |   | 3 | 8 |   |   | 4 |
| 4 | 9 |   |   |   |   |   | 8 | 5 |
| 2 |   |   | 9 | 4 |   |   |   | 3 |
|   | 4 | 7 | 1 | 9 |   |   |   |   |
|   |   | 9 | 3 |   | 6 |   | 1 |   |
|   | 3 |   | 7 |   |   | 8 | 2 |   |

| | 4 | | 1 | | | 3 | 6 | |
|---|---|---|---|---|---|---|---|---|
| 2 | 1 | 6 | | | 3 | | | |
| | | 5 | 7 | 8 | | | | 4 |
| | 7 | | | 9 | | 6 | | 5 |
| | 2 | | 5 | | 8 | | 7 | |
| 1 | | 4 | | 6 | | | 9 | |
| 9 | | | | 5 | 4 | 2 | | |
| | | | 6 | | | 9 | 4 | 7 |
| | 3 | 1 | | | 9 | | 8 | |

| 9 |   | 8 | 1 |   | 2 | 5 |   |   |
|   | 6 |   |   | 8 |   |   |   | 3 |
| 2 |   |   | 4 |   | 3 | 9 |   |   |
|   |   | 1 |   |   | 9 |   | 3 | 5 |
|   |   | 3 |   | 1 |   | 8 |   |   |
| 7 | 2 |   | 6 |   |   | 4 |   |   |
|   |   | 9 | 8 |   | 7 |   |   | 6 |
| 4 |   |   |   | 5 |   |   | 9 |   |
|   |   | 6 | 2 |   | 1 | 3 |   | 7 |

| | | 5 | 3 | | 2 | 1 | | |
| | | 6 | 7 | 1 | | | 9 | 3 |
| | 2 | 3 | | | | | 7 | |
| | | | | 8 | 3 | | 4 | 2 |
| 9 | | | 5 | | 4 | | | 1 |
| 4 | 6 | | 9 | 7 | | | | |
| | 5 | | | | | 8 | 2 | |
| 3 | 7 | | | 6 | 8 | 4 | | |
| | | 1 | 4 | | 9 | 6 | | |

| 1 |   |   | 5 | 2 |   |   | 6 |   |
|---|---|---|---|---|---|---|---|---|
| 6 | 8 | 5 |   |   | 7 |   |   |   |
|   |   | 4 | 6 |   |   | 9 |   | 3 |
|   |   | 6 |   | 7 |   |   | 3 | 5 |
|   |   | 8 | 4 |   | 2 | 1 |   |   |
| 7 | 2 |   |   | 6 |   | 8 |   |   |
| 9 |   | 7 |   |   | 3 | 5 |   |   |
|   |   |   | 9 |   |   | 3 | 1 | 7 |
|   | 5 |   |   | 4 | 8 |   |   | 2 |

|   |   |   | 3 | 2 |   | 4 |   | 7 |
|---|---|---|---|---|---|---|---|---|
| 6 |   | 2 | 4 |   |   |   |   | 5 |
| 5 |   |   | 8 |   | 6 | 9 |   |   |
|   | 1 |   | 6 | 3 |   |   | 7 |   |
| 4 | 7 |   |   |   |   |   | 8 | 6 |
|   | 2 |   |   | 7 | 4 |   | 3 |   |
|   |   | 4 | 5 |   | 3 |   |   | 1 |
| 3 |   |   |   |   | 9 | 6 |   | 2 |
| 7 |   | 9 |   | 4 | 1 |   |   |   |

# 48

★★

| | | | | | | | | |
|---|---|---|---|---|---|---|---|---|
| | 1 | 9 | | 5 | | 2 | 6 | |
| 7 | | | 1 | | 4 | | | 9 |
| | 3 | | | 2 | | | 7 | |
| | 4 | 2 | 8 | | 9 | 1 | 5 | |
| 1 | | | 3 | | 2 | | | 8 |
| | 7 | 8 | 5 | | 1 | 3 | 2 | |
| | 8 | | | 1 | | | 4 | |
| 6 | | | 4 | | 8 | | | 2 |
| | 9 | 1 | | 3 | | 6 | 8 | |

# 49

★★

| | | | | | | | | |
|---|---|---|---|---|---|---|---|---|
| | | | 6 | | | 2 | | 8 |
| 2 | 6 | | 4 | | | | 3 | |
| | 4 | 8 | 3 | 7 | | | | 1 |
| | 8 | | 5 | | | 9 | | 2 |
| | | 1 | 2 | | 4 | 6 | | |
| 5 | | 9 | | | 1 | | 7 | |
| 4 | | | | 8 | 6 | 3 | 9 | |
| | 9 | | | | 3 | | 5 | 4 |
| 1 | | 7 | | | 5 | | | |

## 50

★★

| | | | | | | | | |
|---|---|---|---|---|---|---|---|---|
| | 3 | | | | | | 6 | 1 |
| 8 | | | 5 | | 9 | | | 2 |
| | 7 | 4 | | 2 | 1 | | | 5 |
| | | | | 1 | 4 | 6 | 5 | |
| | | 9 | 3 | | 5 | 8 | | |
| | 2 | 5 | 9 | 7 | | | | |
| 2 | | | 7 | 8 | | 4 | 9 | |
| 3 | | | 4 | | 6 | | | 8 |
| 4 | 6 | | | | | | 7 | |

| | | | 3 | 1 | 2 | | | |
|---|---|---|---|---|---|---|---|---|
| | 5 | 9 | | | | | | 2 |
| 4 | | 1 | | 5 | | | 8 | 7 |
| 9 | 4 | 3 | | | 5 | | 7 | |
| | | 5 | 4 | | 1 | 2 | | |
| | 8 | | 7 | | | 4 | 6 | 5 |
| 2 | 3 | | | 7 | | 1 | | 8 |
| 7 | | | | | | 5 | 9 | |
| | | | 1 | 6 | 4 | | | |

# 52

★★

| | | | | | | | | |
|---|---|---|---|---|---|---|---|---|
| | 4 | | 7 | | 9 | 1 | | |
| | | | 4 | 1 | | 5 | 8 | |
| | 6 | 2 | 5 | | | | 7 | |
| 8 | | | | 7 | 2 | | | 4 |
| 3 | 2 | | | | | | 1 | 8 |
| 7 | | | 1 | 8 | | | | 6 |
| | 9 | | | | 1 | 6 | 2 | |
| | 8 | 1 | | 6 | 7 | | | |
| | | 5 | 2 | | 3 | | 9 | |

# 53

★★

| | | | | | | | | |
|---|---|---|---|---|---|---|---|---|
| 8 | 9 | | 5 | | 6 | | 1 | |
| 6 | | | 7 | | 4 | | 8 | |
| | | 3 | | 9 | | | | 4 |
| | 5 | | | | 8 | 4 | | 1 |
| | 4 | | | 5 | | | 9 | |
| 2 | | 6 | 3 | | | | 7 | |
| 7 | | | | 1 | | 8 | | |
| | 8 | | 9 | | 2 | | | 3 |
| | 3 | | 6 | | 5 | | 4 | 2 |

| | | | | | | | | |
|---|---|---|---|---|---|---|---|---|
| 6 | 3 | | 7 | 9 | | | 5 | |
| 7 | | 2 | | | 5 | | 8 | |
| 9 | | | | | 1 | 6 | | |
| | 7 | 6 | | 3 | | | | 8 |
| | | 1 | 5 | | 7 | 3 | | |
| 5 | | | | 1 | | 9 | 4 | |
| | | 7 | 4 | | | | | 2 |
| | 4 | | 6 | | | 1 | | 5 |
| | 8 | | | 2 | 9 | | 6 | 4 |

# 55

★★

| | | | | | | | | |
|---|---|---|---|---|---|---|---|---|
| 2 | | 9 | | | | | | 5 |
| | | 7 | 6 | | 4 | 8 | | |
| | | 4 | 9 | 7 | | | 1 | 3 |
| | | | | 3 | 6 | | 4 | 7 |
| | 8 | | 4 | | 5 | | 6 | |
| 4 | 2 | | 1 | 9 | | | | |
| 6 | 1 | | | 8 | 3 | 7 | | |
| | | 8 | 2 | | 1 | 5 | | |
| 3 | | | | | | 1 | | 2 |

| 2 |   |   | 8 | 5 |   | 7 | 3 |   |
|---|---|---|---|---|---|---|---|---|
| 5 |   |   | 9 |   | 2 |   |   | 4 |
| 8 | 1 |   |   |   |   |   | 6 |   |
|   |   |   |   | 3 | 9 | 2 | 5 |   |
|   |   | 4 | 2 |   | 6 | 9 |   |   |
|   | 2 | 1 | 7 | 8 |   |   |   |   |
|   | 3 |   |   |   |   |   | 1 | 7 |
| 4 |   |   | 1 |   | 7 |   |   | 6 |
|   | 9 | 7 |   | 4 | 3 |   |   | 5 |

| 3 | 7 |   | 5 |   | 1 |   | 9 | 4 |
|---|---|---|---|---|---|---|---|---|
|   |   | 5 |   | 7 |   | 8 |   |   |
|   | 9 |   | 6 |   | 2 |   | 5 |   |
|   |   | 3 | 1 | 6 | 7 | 2 |   |   |
| 2 | 6 |   |   |   |   |   | 1 | 5 |
|   |   | 7 | 2 | 5 | 8 | 3 |   |   |
|   | 2 |   | 7 |   | 5 |   | 8 |   |
|   |   | 9 |   | 2 |   | 4 |   |   |
| 7 | 8 |   | 4 |   | 3 |   | 2 | 6 |

| 7 | 5 | 1 |   |   | 4 |   |   |   |
|---|---|---|---|---|---|---|---|---|
|   |   | 9 | 7 |   |   | 3 |   | 6 |
| 8 |   |   | 1 | 2 |   |   | 7 |   |
| 4 | 2 |   |   | 7 |   | 5 |   |   |
|   |   | 5 | 9 |   | 2 | 8 |   |   |
|   |   | 7 |   | 4 |   |   | 6 | 1 |
|   | 1 |   |   | 9 | 5 |   |   | 2 |
| 3 |   | 4 |   |   | 6 | 1 |   |   |
|   |   |   | 3 |   |   | 6 | 8 | 4 |

# 59

★★

| | | | | | | | | |
|---|---|---|---|---|---|---|---|---|
| | | | 7 | | | | 9 | |
| | | | | 3 | 8 | | 4 | |
| 7 | 2 | 3 | | 1 | | | 8 | |
| 4 | | 1 | 3 | | 9 | 2 | | 7 |
| 2 | 6 | | | | | | 3 | 5 |
| 8 | | 7 | 6 | | 5 | 9 | | 4 |
| | 7 | | | 9 | | 6 | 2 | 8 |
| | 4 | | 8 | 5 | | | | |
| | 1 | | | | 6 | | | |

| 3 | 1 |   |   |   |   | 2 | 4 |   |
|   |   |   |   |   |   |   |   |   |
| 5 |   | 9 | 3 | 2 |   |   |   |   |
| 8 | 7 |   |   | 9 |   | 6 |   |   |
|   | 8 |   | 9 |   |   |   |   | 2 |
|   | 9 | 1 | 4 |   | 7 | 5 | 8 |   |
| 6 |   |   |   |   | 1 |   | 3 |   |
|   |   | 5 |   | 7 |   |   | 9 | 8 |
|   |   |   |   | 4 | 3 | 1 |   | 7 |
|   | 2 | 4 |   |   |   |   | 6 | 5 |

| 6 |   |   | 5 |   |   |   |   |   |
|---|---|---|---|---|---|---|---|---|
|   | 8 | 3 | 4 |   |   |   |   | 5 |
|   | 5 |   |   | 7 | 9 | 6 | 4 |   |
|   | 2 | 7 |   |   | 3 | 9 | 1 |   |
| 4 |   |   |   | 1 |   |   |   | 7 |
|   | 1 | 8 | 6 |   |   | 5 | 2 |   |
|   | 3 | 6 | 1 | 5 |   |   | 7 |   |
| 9 |   |   |   |   | 8 | 2 | 6 |   |
|   |   |   |   |   | 2 |   |   | 3 |

# 62

★★

| | | | | | | | | |
|---|---|---|---|---|---|---|---|---|
| 3 | | | 8 | 1 | | | | 2 |
| | | 1 | 5 | | | 7 | | |
| 8 | 7 | 6 | | | | 9 | 5 | 1 |
| | | 8 | | | 1 | | | 4 |
| | 6 | | 7 | | 3 | | 9 | |
| 5 | | | 2 | | | 6 | | |
| 9 | 8 | 4 | | | | 3 | 7 | 6 |
| | | 3 | | | 8 | 2 | | |
| 6 | | | | 4 | 9 | | | 5 |

**63** ★★

| | | | | | | | | |
|---|---|---|---|---|---|---|---|---|
| 4 | | 9 | | 6 | | | 5 | |
| | | | | | 2 | 8 | 4 | 7 |
| | | 1 | 7 | 5 | | 6 | | 3 |
| | | | 5 | 9 | | | 8 | |
| 3 | 9 | | | | | | 1 | 5 |
| | 8 | | | 3 | 6 | | | |
| 5 | | 2 | | 7 | 8 | 9 | | |
| 7 | 3 | 4 | 1 | | | | | |
| | 6 | | | 4 | | 1 | | 2 |

# 64

★★

| | | | | | | | | |
|---|---|---|---|---|---|---|---|---|
| | | | | | 3 | | | 2 |
| | 8 | 2 | 4 | 6 | | | 3 | |
| 3 | | | | | 8 | 7 | 9 | |
| | 5 | 3 | | | 2 | 9 | 1 | |
| 6 | | | | 1 | | | | 8 |
| | 1 | 4 | 7 | | | 6 | 5 | |
| | 2 | 5 | 9 | | | | | 4 |
| | 6 | | | 3 | 1 | 2 | 7 | |
| 7 | | | 5 | | | | | |

| 4 |   |   |   |   |   | 8 | 3 | 5 |
|---|---|---|---|---|---|---|---|---|
|   |   | 2 |   | 4 | 7 |   |   |   |
|   | 9 | 6 |   |   | 8 |   | 7 |   |
| 2 |   | 9 | 6 | 1 |   |   |   | 8 |
|   |   | 4 | 9 |   | 3 | 5 |   |   |
| 7 |   |   |   | 8 | 2 | 3 |   | 6 |
|   | 7 |   | 5 |   |   | 9 | 1 |   |
|   |   |   | 8 | 6 |   | 2 |   |   |
| 1 | 2 | 5 |   |   |   |   |   | 4 |

# 66

★★

| | | | | | | | | |
|---|---|---|---|---|---|---|---|---|
| 2 | | 4 | | | 1 | 6 | | 7 |
| 7 | | | 8 | 6 | 9 | | | 3 |
| | 9 | | | | 7 | 5 | | |
| | | 2 | 9 | | | | 1 | |
| 6 | | 7 | | | | 9 | | 5 |
| | 5 | | | | 3 | 8 | | |
| | | 8 | 3 | | | | 2 | |
| 9 | | | 2 | 5 | 8 | | | 4 |
| 4 | | 1 | 7 | | | 3 | | 8 |

| 9 |   |   | 8 |   | 5 |   |   | 2 |
|---|---|---|---|---|---|---|---|---|
|   | 8 |   |   | 4 |   |   | 5 |   |
|   | 5 | 2 |   | 7 |   | 4 | 1 |   |
|   | 6 | 4 | 5 |   | 1 | 9 | 8 |   |
| 5 |   |   | 7 |   | 9 |   |   | 4 |
|   | 9 | 7 | 6 |   | 4 | 5 | 3 |   |
|   | 2 | 9 |   | 6 |   | 1 | 4 |   |
|   | 3 |   |   | 9 |   |   | 7 |   |
| 1 |   |   | 4 |   | 8 |   |   | 3 |

| 4 |   |   |   | 3 |   |   |   | 1 |
|---|---|---|---|---|---|---|---|---|
| 3 | 6 |   | 1 |   |   |   | 7 | 9 |
| 1 |   | 7 |   |   | 8 | 3 |   | 5 |
|   | 8 | 1 |   | 4 | 2 |   |   |   |
|   |   | 6 |   |   |   | 9 |   |   |
|   |   |   | 6 | 7 |   | 5 | 1 |   |
| 6 |   | 2 | 9 |   |   | 8 |   | 3 |
| 5 | 4 |   |   |   | 3 |   | 2 | 7 |
| 8 |   |   |   | 5 |   |   |   | 4 |

**69** ★★

| | | | | | | | | |
|---|---|---|---|---|---|---|---|---|
| | 7 | | 1 | | 4 | 9 | | |
| | 9 | | 3 | | 8 | 1 | 2 | |
| | | 6 | | 5 | | | | 7 |
| 8 | | 1 | | | 9 | | 6 | |
| | 2 | | | 3 | | | 4 | |
| | 3 | | 7 | | | 5 | | 2 |
| 9 | | | | 4 | | 2 | | |
| | 4 | 7 | 8 | | 3 | | 5 | |
| | | 8 | 2 | | 6 | | 7 | |

| | | | 3 | | | | | 9 |
|---|---|---|---|---|---|---|---|---|
| | 5 | 9 | | 1 | 8 | 6 | | |
| 7 | | | 2 | | | | 5 | 3 | |
| | 2 | 8 | | | 5 | 3 | 1 | |
| 4 | | | | 8 | | | | 6 |
| | 6 | 3 | 9 | | | 8 | 7 | |
| | 9 | 2 | | | 4 | | | 1 |
| | | 1 | 7 | 6 | | 4 | 5 | |
| 5 | | | | | 1 | | | |

# 71

★★

| | | | | | | | | |
|---|---|---|---|---|---|---|---|---|
| | | 4 | 7 | | 5 | | | 2 |
| | 2 | | | 1 | | 3 | | |
| 8 | | 5 | 9 | | 6 | | | 4 |
| 3 | | | 4 | | | 5 | 9 | |
| 7 | | | | 6 | | | | 8 |
| | 8 | 1 | | | 2 | | | 6 |
| 1 | | | 6 | | 9 | 2 | | 7 |
| | | 8 | | 7 | | | 4 | |
| 2 | | | 3 | | 8 | 9 | | |

| 7 |   | 8 |   | 3 |   |   | 1 |   |
|   |   |   |   |   | 2 | 9 | 8 | 5 |
| 4 |   |   | 9 | 1 |   | 6 |   | 3 |
|   | 5 |   |   | 6 | 3 |   |   |   |
|   | 7 | 6 |   |   |   | 1 | 4 |   |
|   |   |   | 1 | 7 |   |   | 5 |   |
| 2 |   | 1 |   | 9 | 5 |   |   | 7 |
| 8 | 6 | 9 | 4 |   |   |   |   |   |
|   | 3 |   |   | 8 |   | 2 |   | 4 |

| 2 |   |   | 9 |   |   | 6 |   | 4 |
|---|---|---|---|---|---|---|---|---|
|   |   | 3 | 8 |   | 4 |   |   | 2 |
| 5 |   | 9 | 7 | 6 |   |   |   |   |
|   | 5 |   | 4 | 7 |   |   | 1 |   |
| 4 | 8 |   |   |   |   |   | 5 | 9 |
|   | 7 |   |   | 5 | 9 |   | 6 |   |
|   |   |   |   | 9 | 1 | 3 |   | 5 |
| 1 |   |   | 2 |   | 7 | 9 |   |   |
| 6 |   | 4 |   |   | 3 |   |   | 7 |

| | | 4 | 8 | | | | | 2 |
|---|---|---|---|---|---|---|---|---|
| | 5 | | 4 | 7 | 2 | | 1 | |
| 8 | 2 | | 6 | | | | 5 | 3 |
| | | 3 | 1 | | | | | 4 |
| 1 | 7 | | | | | | 9 | 6 |
| 2 | | | | | 8 | 7 | | |
| 9 | 6 | | | | 3 | | 4 | 5 |
| | 8 | | 2 | 9 | 1 | | 6 | |
| 7 | | | | | 6 | 1 | | |

75

★★

| | | | | | | | | |
|---|---|---|---|---|---|---|---|---|
| | 6 | | | | 2 | | 4 | |
| 9 | 5 | 4 | | | | 2 | 7 | 6 |
| 3 | | | | 6 | 9 | | | 8 |
| | 9 | | 6 | | | | | 1 |
| | | 5 | 3 | | 4 | 7 | | |
| 2 | | | | | 8 | | 5 | |
| 5 | | | 7 | 1 | | | | 2 |
| 7 | 1 | 9 | | | | 4 | 3 | 5 |
| | 3 | | 9 | | | | 8 | |

| | 4 | | | | 9 | 5 | 6 | |
| | | 8 | 6 | | 3 | | 4 | |
| | 2 | 9 | | 5 | 1 | | | |
| 2 | | | | 1 | 6 | | | 7 |
| 3 | 6 | | | | | | 9 | 2 |
| 1 | | | 9 | 2 | | | | 5 |
| | | | 7 | 9 | | 8 | 2 | |
| | 7 | | 1 | | 4 | 9 | | |
| | 5 | 6 | 8 | | | | 1 | |

# 77

★★

| | | | | | | | | |
|---|---|---|---|---|---|---|---|---|
| | 7 | 4 | | 2 | | 5 | 9 | |
| 2 | | 1 | 5 | 8 | | 7 | | |
| | | | | | 6 | | | 3 |
| | 5 | | | | 8 | 4 | 3 | 7 |
| | 1 | | | | | | 2 | |
| 4 | 8 | 6 | 7 | | | | 5 | |
| 8 | | | 2 | | | | | |
| | | 9 | | 4 | 3 | 6 | | 5 |
| | 4 | 3 | | 1 | | 9 | 8 | |

★★

| | | | | | | | | |
|---|---|---|---|---|---|---|---|---|
| | 5 | | 4 | | 2 | | 8 | |
| | | 7 | | 8 | | 1 | | |
| 9 | 8 | | 7 | | 3 | | 5 | 4 |
| | | 8 | 6 | 9 | 4 | 3 | | |
| 2 | 6 | | | | | | 9 | 8 |
| | | 3 | 8 | 2 | 5 | 4 | | |
| 7 | 1 | | 2 | | 6 | | 4 | 3 |
| | | 5 | | 4 | | 2 | | |
| | 2 | | 9 | | 8 | | 1 | |

| 4 |   |   |   |   |   | 8 | 1 |   |
|---|---|---|---|---|---|---|---|---|
| 3 | 9 |   |   | 1 |   | 6 |   | 5 |
|   |   |   | 2 | 6 | 4 |   |   |   |
| 1 | 7 | 5 | 3 |   |   |   | 9 |   |
|   |   | 4 | 5 |   | 6 | 1 |   |   |
|   | 3 |   |   |   | 1 | 2 | 5 | 8 |
|   |   |   | 6 | 7 | 5 |   |   |   |
| 9 |   | 6 |   | 3 |   |   | 2 | 4 |
|   | 8 | 1 |   |   |   |   |   | 3 |

| | 4 | | 9 | | | | 5 | |
|---|---|---|---|---|---|---|---|---|
| | | 6 | 3 | 4 | | 8 | | |
| 5 | 2 | 3 | | | | 4 | 7 | 9 |
| | 3 | | | | 4 | 1 | | |
| 2 | | | 5 | | 6 | | | 7 |
| | | 9 | 8 | | | | 2 | |
| 3 | 1 | 7 | | | | 2 | 6 | 5 |
| | | 2 | | 1 | 7 | 9 | | |
| | 6 | | | | 3 | | 8 | |

| 3 | 6 |   | 7 |   | 9 |   | 5 | 1 |
|---|---|---|---|---|---|---|---|---|
|   | 5 |   | 8 |   | 2 |   | 7 |   |
|   |   | 7 |   | 6 |   | 4 |   |   |
|   |   | 6 | 2 | 7 | 4 | 3 |   |   |
| 2 | 8 |   |   |   |   |   | 9 | 7 |
|   |   | 3 | 9 | 8 | 6 | 2 |   |   |
|   |   | 5 |   | 2 |   | 1 |   |   |
|   | 2 |   | 6 |   | 7 |   | 4 |   |
| 6 | 4 |   | 1 |   | 3 |   | 2 | 8 |

|   | 4 | 6 |   | 1 |   | 8 | 3 |   |
|---|---|---|---|---|---|---|---|---|
|   |   | 8 | 6 | 4 |   | 7 |   | 2 |
| 3 |   |   |   |   | 5 |   |   |   |
|   | 2 |   | 3 |   |   | 4 | 6 | 9 |
|   | 1 |   |   |   |   |   | 5 |   |
| 4 | 3 | 7 |   |   | 9 |   | 2 |   |
|   |   |   | 7 |   |   |   |   | 6 |
| 5 |   | 1 |   | 3 | 2 | 9 |   |   |
|   | 9 | 4 |   | 5 |   | 2 | 8 |   |

| 8 |   |   | 6 | 3 |   | 1 |   |   |
|---|---|---|---|---|---|---|---|---|
| 9 | 7 |   |   |   | 8 |   | 6 |   |
|   | 2 |   | 5 |   |   | 3 |   | 9 |
|   |   |   | 3 | 9 |   | 5 | 4 | 7 |
| 1 |   |   |   |   |   |   |   | 8 |
| 4 | 9 | 7 |   | 2 | 5 |   |   |   |
| 3 |   | 8 |   |   | 2 |   | 9 |   |
|   | 4 |   | 1 |   |   |   | 5 | 6 |
|   |   | 2 |   | 7 | 6 |   |   | 4 |

| 1 |   |   | 4 | 7 |   | 2 |   | 9 |
|---|---|---|---|---|---|---|---|---|
|   |   |   |   |   | 5 | 7 | 6 | 8 |
| 5 |   | 9 |   | 8 |   |   | 3 |   |
|   | 4 |   |   | 1 | 2 |   |   |   |
|   | 5 | 2 |   |   |   | 6 | 1 |   |
|   |   |   | 3 | 6 |   |   | 4 |   |
|   | 2 |   |   | 3 |   | 8 |   | 1 |
| 4 | 8 | 7 | 9 |   |   |   |   |   |
| 3 |   | 6 |   | 2 | 7 |   |   | 5 |

| 6 | 8 |   | 1 | 4 |   | 7 |   |   |
|---|---|---|---|---|---|---|---|---|
|   |   |   | 5 |   |   | 2 |   | 9 |
|   | 5 | 7 | 6 |   |   |   | 8 |   |
|   | 9 |   | 2 |   |   | 5 |   | 8 |
| 1 |   |   | 7 |   | 3 |   |   | 2 |
| 8 |   | 3 |   |   | 5 |   | 4 |   |
|   | 6 |   |   |   | 7 | 3 | 1 |   |
| 3 |   | 4 |   |   | 1 |   |   |   |
|   |   | 2 |   | 9 | 6 |   | 7 | 4 |

## 86

★★

| | | | | | | | | |
|---|---|---|---|---|---|---|---|---|
| 9 | 4 | | 5 | | 2 | | | 3 |
| | | 6 | | 9 | | | 1 | |
| | 5 | | 1 | | 8 | | | 4 |
| 2 | | | 4 | | | 1 | 3 | |
| 1 | | | | 2 | | | | 9 |
| | 7 | 5 | | | 6 | | | 8 |
| 4 | | | 7 | | 9 | | 6 | |
| | 8 | | | 3 | | 4 | | |
| 6 | | | 2 | | 5 | | 7 | 1 |

| 3 |   |   |   | 8 | 5 |   | 4 |   |
|---|---|---|---|---|---|---|---|---|
|   | 7 | 1 |   |   | 3 | 9 |   |   |
|   |   |   | 6 |   |   | 5 | 3 | 2 |
|   |   | 2 |   | 3 |   |   | 6 | 8 |
|   |   | 4 | 8 |   | 9 | 2 |   |   |
| 7 | 5 |   |   | 6 |   | 3 |   |   |
| 4 | 6 | 7 |   |   | 1 |   |   |   |
|   |   | 5 | 7 |   |   | 6 | 1 |   |
|   | 8 |   | 2 | 9 |   |   |   | 5 |

# 88

| | | | | | | | | |
|---|---|---|---|---|---|---|---|---|
| | 9 | | | 5 | 1 | | 6 | 3 |
| 8 | | | 2 | | | | | |
| | 1 | 7 | | 3 | | 9 | 4 | |
| 9 | 4 | 8 | 5 | | | 1 | | |
| | | 3 | | | | 6 | | |
| | | 1 | | | 9 | 5 | 2 | 4 |
| | 7 | 5 | | 6 | | 4 | 8 | |
| | | | | | 3 | | | 5 |
| 1 | 2 | | 8 | 4 | | | 7 | |

| 2 |   |   |   |   |   | 3 | 9 | 6 |
|---|---|---|---|---|---|---|---|---|
|   |   | 8 | 4 | 2 |   |   |   |   |
|   | 5 | 1 | 3 |   |   |   | 4 |   |
| 8 |   | 5 |   | 7 | 1 |   |   | 3 |
|   |   | 2 | 9 |   | 5 | 6 |   |   |
| 4 |   |   | 8 | 3 |   | 9 |   | 1 |
|   | 4 |   |   |   | 6 | 5 | 7 |   |
|   |   |   |   | 1 | 3 | 8 |   |   |
| 7 | 8 | 6 |   |   |   |   |   | 2 |

| | 8 | | 6 | | | 4 | | 9 |
|---|---|---|---|---|---|---|---|---|
| | | 3 | 2 | | | | | 5 |
| | 6 | | | 5 | 9 | | 1 | 3 |
| 8 | | | | 1 | | 3 | 9 | |
| | | 1 | 9 | | 6 | 2 | | |
| | 7 | 5 | | 2 | | | | 6 |
| 7 | 3 | | 5 | 4 | | | 8 | |
| 4 | | | | | 7 | 9 | | |
| 6 | | 2 | | | 3 | | 7 | |

# 91

★★

| | | | | | | | | |
|---|---|---|---|---|---|---|---|---|
| 5 | | | 3 | 7 | | 4 | | 9 |
| 4 | | | | | 9 | 1 | 8 | |
| | 6 | | | | 4 | 7 | | |
| | | 1 | | 8 | | | 3 | 4 |
| | 8 | | 6 | | 1 | | 2 | |
| 6 | 9 | | | 2 | | 5 | | |
| | | 3 | 8 | | | | 9 | |
| | 7 | 6 | 1 | | | | | 5 |
| 2 | | 9 | | 3 | 6 | | | 1 |

| | | 2 | | | 1 | 9 | 4 | |
| 6 | 8 | | | | 9 | | | |
| | 4 | | | 5 | 3 | 2 | | 1 |
| 2 | 9 | | | | 8 | 6 | | |
| 8 | | | 7 | | 4 | | | 3 |
| | | 5 | 9 | | | | 7 | 2 |
| 5 | | 4 | 1 | 6 | | | 8 | |
| | | | 3 | | | | 5 | 7 |
| | 7 | 3 | 4 | | | 1 | | |

# 93

★★

| | | | | | | | | |
|---|---|---|---|---|---|---|---|---|
| | 5 | | 7 | | | | 8 | |
| 8 | 2 | 6 | | | | 5 | 9 | 7 |
| | | 4 | 6 | 5 | | 3 | | |
| | 6 | | | | 5 | 1 | | |
| 2 | | | 8 | | 4 | | | 9 |
| | | 7 | 3 | | | | 2 | |
| | | 2 | | 1 | 9 | 7 | | |
| 6 | 1 | 9 | | | | 2 | 4 | 8 |
| | 4 | | | | 6 | | 3 | |

| 5 | 2 | 9 | 4 |   |   |   |   |   |
|---|---|---|---|---|---|---|---|---|
| 8 |   |   |   |   | 5 | 4 |   | 9 |
|   |   | 3 |   | 1 | 6 |   | 8 |   |
|   | 5 | 8 |   | 9 |   |   |   | 7 |
| 2 |   |   | 1 |   | 3 |   |   | 6 |
| 6 |   |   |   | 7 |   | 9 | 3 |   |
|   | 7 |   | 8 | 3 |   | 2 |   |   |
| 4 |   | 5 | 7 |   |   |   |   | 1 |
|   |   |   |   |   | 9 | 7 | 6 | 8 |

| 1 | 9 |   |   | 3 | 4 | 7 |   |   |
|---|---|---|---|---|---|---|---|---|
|   |   |   |   |   | 8 | 6 |   | 5 |
|   | 8 | 7 |   |   | 1 |   | 9 |   |
| 9 |   | 2 | 8 |   |   |   | 3 |   |
| 4 |   |   | 2 |   | 7 |   |   | 6 |
|   | 5 |   |   |   | 6 | 8 |   | 9 |
|   | 1 |   | 7 |   |   | 2 | 4 |   |
| 2 |   | 3 | 4 |   |   |   |   |   |
|   |   | 6 | 1 | 5 |   |   | 7 | 3 |

★★

| | | | | | | | | |
|---|---|---|---|---|---|---|---|---|
| | 6 | 5 | | | 8 | | | |
| | | 1 | | 2 | 4 | | 9 | 7 |
| 7 | | | | | 9 | 1 | | 8 |
| | 7 | 8 | | | 5 | | | 6 |
| | 5 | | 3 | | 1 | | 4 | |
| 2 | | | 8 | | | 3 | 7 | |
| 4 | | 3 | 1 | | | | | 9 |
| 1 | 2 | | 9 | 6 | | 5 | | |
| | | | 4 | | | 2 | 3 | |

|   |   | 9 | 2 |   |   |   | 8 |   |
|---|---|---|---|---|---|---|---|---|
|   | 4 | 1 | 3 |   |   |   |   | 2 |
| 3 |   | 2 |   | 9 | 5 |   |   | 7 |
| 2 | 5 |   |   | 4 |   | 1 |   |   |
|   | 6 |   | 1 |   | 8 |   | 4 |   |
|   |   | 7 |   | 6 |   |   | 3 | 8 |
| 1 |   |   | 8 | 5 |   | 3 |   | 6 |
| 7 |   |   |   |   | 1 | 8 | 9 |   |
|   | 3 |   |   |   | 4 | 5 |   |   |

# 98

★★

| | | | | | | | | |
|---|---|---|---|---|---|---|---|---|
| | | | 6 | | | 7 | 5 | 3 |
| 9 | | | | 1 | 7 | 4 | | 8 |
| 2 | | 5 | | 8 | | | 1 | |
| | | | | 2 | 1 | | 3 | |
| | 2 | 4 | | | | 1 | 9 | |
| | 3 | | 8 | 4 | | | | |
| | 8 | | | 5 | | 6 | | 9 |
| 6 | | 1 | 3 | 7 | | | | 2 |
| 5 | 4 | 7 | | | 9 | | | |

| 1 |   |   | 5 | 8 |   |   |   | 9 |
|---|---|---|---|---|---|---|---|---|
|   |   | 6 | 4 |   |   | 8 |   |   |
| 8 | 4 | 2 |   |   |   | 3 | 6 | 5 |
|   |   | 3 | 1 |   |   |   |   | 4 |
|   | 2 |   | 6 |   | 9 |   | 3 |   |
| 7 |   |   |   |   | 8 | 5 |   |   |
| 3 | 6 | 9 |   |   |   | 7 | 5 | 2 |
|   |   | 1 |   |   | 5 | 9 |   |   |
| 4 |   |   |   | 7 | 2 |   |   | 3 |

|   | 1 |   | 8 |   |   | 9 |   |   |
|---|---|---|---|---|---|---|---|---|
| 3 |   | 6 | 2 |   |   | 4 |   | 8 |
| 8 |   |   | 1 | 4 | 7 |   |   | 5 |
|   |   | 3 |   |   | 1 |   | 2 |   |
| 4 |   | 8 |   |   |   | 1 |   | 9 |
|   | 9 |   | 5 |   |   | 7 |   |   |
| 1 |   |   | 7 | 9 | 3 |   |   | 6 |
| 6 |   | 2 |   |   | 8 | 5 |   | 7 |
|   |   | 7 |   |   | 5 |   | 3 |   |

# 101

★★

| | | | | | | | | |
|---|---|---|---|---|---|---|---|---|
| 5 | | | 6 | 9 | | 8 | 2 | |
| 9 | | | 7 | | 5 | | | 1 |
| 6 | | 4 | | | | 3 | | |
| | | | | 8 | 7 | 9 | 5 | |
| | 1 | | 5 | | 3 | | 7 | |
| | 4 | 5 | 2 | 6 | | | | |
| | | 8 | | | | 4 | | 2 |
| 1 | | | 4 | | 2 | | | 3 |
| | 2 | 7 | | 1 | 8 | | | 9 |

| | 3 | | | | 5 | 7 | | 4 |
|---|---|---|---|---|---|---|---|---|
| | | 9 | | | 2 | | | 6 |
| | 5 | | 4 | 6 | | | 8 | 9 |
| | 1 | 6 | | 2 | | | | 5 |
| | | 8 | 5 | | 4 | 2 | | |
| 3 | | | | 8 | | 9 | 4 | |
| 1 | 9 | | | 7 | 6 | | 3 | |
| 7 | | | 1 | | | 4 | | |
| 5 | | 2 | 9 | | | | 1 | |

## 103

★★

| | | | | | | | | |
|---|---|---|---|---|---|---|---|---|
| 1 | | | 9 | | 4 | | 2 | |
| | | 8 | | 5 | | | | 4 |
| 2 | 5 | | 7 | | 1 | | 3 | |
| 6 | | 1 | 8 | | | | 9 | |
| | 4 | | | 7 | | | 5 | |
| | 7 | | | | 2 | 4 | | 3 |
| | 8 | | 1 | | 7 | | 4 | 6 |
| 9 | | | | 3 | | 2 | | |
| | 2 | | 5 | | 6 | | | 8 |

|   |   | 9 |   | 4 |   | 1 |   |   |
|---|---|---|---|---|---|---|---|---|
| 8 |   | 2 |   | 7 |   | 3 |   | 4 |
|   | 1 |   | 2 |   | 6 |   | 8 |   |
| 5 |   | 1 | 7 |   | 2 | 4 |   | 9 |
|   | 2 |   | 9 |   | 4 |   | 5 |   |
| 4 |   | 6 | 5 |   | 8 | 7 |   | 2 |
|   | 3 |   | 6 |   | 5 |   | 4 |   |
| 2 |   | 8 |   | 9 |   | 5 |   | 3 |
|   |   | 5 |   | 2 |   | 6 |   |   |

| 1 |   | 9 |   | 5 |   |   | 7 |   |
|---|---|---|---|---|---|---|---|---|
| 7 |   | 3 |   |   |   | 2 | 6 |   |
| 5 | 4 |   | 8 | 6 |   |   |   |   |
| 2 |   |   |   |   | 9 | 1 |   |   |
|   | 7 | 1 | 5 |   | 6 | 9 | 4 |   |
|   |   | 8 | 4 |   |   |   |   | 3 |
|   |   |   |   | 2 | 8 |   | 9 | 7 |
|   | 2 | 6 |   |   |   | 4 |   | 8 |
|   | 3 |   |   | 9 |   | 5 |   | 1 |

# 106

★★

| | | | | | | | | |
|---|---|---|---|---|---|---|---|---|
| | | | | | 9 | 3 | | 2 |
| | 9 | 2 | | | 7 | | 4 | |
| 3 | 7 | | | 1 | 4 | 6 | | |
| | 3 | | | | 8 | 2 | | 5 |
| 6 | | | 7 | | 2 | | | 9 |
| 5 | | 8 | 6 | | | | 1 | |
| | | 7 | 9 | 3 | | | 5 | 4 |
| | 5 | | 4 | | | 7 | 8 | |
| 1 | | 6 | 8 | | | | | |

| 1 |   |   | 3 |   | 8 |   |   | 9 |
|---|---|---|---|---|---|---|---|---|
| 9 | 5 |   | 1 |   | 2 |   | 6 | 4 |
|   |   | 7 |   | 4 |   | 1 |   |   |
|   |   | 6 | 8 | 1 | 7 | 4 |   |   |
| 2 | 1 |   |   |   |   |   | 8 | 3 |
|   |   | 8 | 2 | 3 | 4 | 6 |   |   |
|   |   | 5 |   | 8 |   | 9 |   |   |
| 8 | 3 |   | 5 |   | 6 |   | 4 | 7 |
| 7 |   |   | 4 |   | 1 |   |   | 8 |

| | 4 | | 8 | | | 7 | | 3 |
|---|---|---|---|---|---|---|---|---|
| | 1 | 7 | | | 6 | | 5 | |
| | | 6 | 5 | 3 | | | | 2 |
| 1 | 7 | 9 | | 4 | 8 | | | |
| | | 2 | | | | 6 | | |
| | | | 3 | 7 | | 1 | 9 | 8 |
| 4 | | | | 1 | 5 | 9 | | |
| | 9 | | 2 | | | 5 | 8 | |
| 6 | | 3 | | | 4 | | 7 | |

|   |   |   |   | 2 |   | 3 |   | 7 |
|---|---|---|---|---|---|---|---|---|
|   | 5 |   | 8 |   |   |   | 2 |   |
|   |   |   |   |   |   | 6 |   | 1 |
|   |   |   | 5 |   |   | 7 | 9 |   |
|   |   | 3 |   | 7 |   | 2 |   |   |
|   | 1 | 9 |   |   | 4 |   |   |   |
| 1 |   | 7 |   |   |   |   |   |   |
|   | 3 |   |   |   | 1 |   | 4 |   |
| 8 |   | 6 |   | 3 |   |   |   |   |

| 5 |   |   |   |   | 3 |   |   |   |
|---|---|---|---|---|---|---|---|---|
|   |   |   |   | 8 |   | 9 | 4 |   |
|   |   | 1 |   |   |   |   | 2 |   |
| 7 |   |   | 6 |   |   | 4 |   |   |
|   | 4 | 5 |   | 9 |   | 6 | 8 |   |
|   |   | 2 |   |   | 5 |   |   | 1 |
|   | 9 |   |   |   |   | 8 |   |   |
|   | 2 | 3 |   | 4 |   |   |   |   |
|   |   |   | 7 |   |   |   |   | 6 |

| 1 |   |   | 8 |   | 6 |   |   | 2 |
|---|---|---|---|---|---|---|---|---|
|   |   | 2 |   | 5 |   | 4 |   |   |
|   | 9 |   |   |   |   |   | 1 |   |
|   | 1 | 3 | 6 |   | 5 | 9 | 4 |   |
|   |   |   | 4 |   | 9 |   |   |   |
|   | 8 | 4 | 2 |   | 3 | 6 | 5 |   |
|   | 3 |   |   |   |   |   | 8 |   |
|   |   | 6 |   | 9 |   | 7 |   |   |
| 7 |   |   | 3 |   | 8 |   |   | 4 |

**112** ★★★

| | | | | | | | | |
|---|---|---|---|---|---|---|---|---|
| | | | 8 | | 4 | | | 5 |
| | 8 | | 7 | | | | | |
| | 7 | 1 | | 9 | | | | |
| 4 | 3 | | | | 5 | | | |
| | 9 | | | 8 | | | 2 | |
| | | | 6 | | | | 8 | 3 |
| | | | | 2 | | 8 | 9 | |
| | | | | | 6 | | 7 | |
| 6 | | | 1 | | 8 | | | |

# 113

★★★

| | | | | | | | | |
|---|---|---|---|---|---|---|---|---|
| | | | 3 | | | 8 | | |
| 3 | 9 | 4 | | 7 | | 2 | | |
| | | | | 5 | 6 | 4 | | |
| 6 | | | | | | | 4 | |
| | 7 | 1 | | | | 3 | 5 | |
| | 4 | | | | | | | 8 |
| | | 6 | 4 | 2 | | | | |
| | | 2 | | 8 | | 6 | 9 | 1 |
| | | 7 | | | 1 | | | |

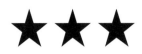

# 114

★★★

| | | | | | | | | |
|---|---|---|---|---|---|---|---|---|
| | | | 1 | | | | | 6 |
| | 7 | | | 6 | 2 | 5 | | |
| | 2 | 8 | | 9 | | | | |
| 1 | | | 3 | | | | | |
| | 9 | | | 8 | | | 4 | |
| | | | | | 6 | | | 7 |
| | | | | 4 | | 2 | 9 | |
| | | 4 | 9 | 3 | | | 8 | |
| 3 | | | | | 5 | | | |

| | 9 | | | | | | 4 | |
|---|---|---|---|---|---|---|---|---|
| 5 | | | | 2 | | | | 8 |
| | | 8 | 6 | | 3 | 9 | | |
| 6 | 2 | | 7 | | 8 | | 3 | 5 |
| | | | 4 | | 5 | | | |
| 4 | 5 | | 2 | | 6 | | 9 | 7 |
| | | 5 | 3 | | 7 | 1 | | |
| 1 | | | | 4 | | | | 6 |
| | 3 | | | | | | 7 | |

| | 1 | | 8 | | 4 | | 3 | |
| | | 2 | 5 | | 7 | 6 | | |
| 4 | | | | | | | | 9 |
| 6 | | 9 | 4 | | 5 | 3 | | 2 |
| | | | | | | | | |
| 5 | | 8 | 1 | | 3 | 7 | | 6 |
| 7 | | | | | | | | 8 |
| | | 4 | 7 | | 9 | 1 | | |
| | 2 | | 3 | | 8 | | 6 | |

| 6 |   |   | 9 |   | 8 |   |   | 2 |
|---|---|---|---|---|---|---|---|---|
|   |   |   |   | 1 |   |   |   |   |
|   |   | 5 | 6 |   | 2 | 1 |   |   |
| 5 |   | 7 | 8 |   | 3 | 2 |   | 1 |
|   | 8 |   |   | 6 |   |   | 4 |   |
| 9 |   | 3 | 2 |   | 1 | 7 |   | 5 |
|   |   | 9 | 1 |   | 4 | 3 |   |   |
|   |   |   |   | 8 |   |   |   |   |
| 7 |   |   | 5 |   | 9 |   |   | 4 |

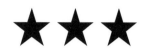

# 118

★★★

| | | | | | | | | |
|---|---|---|---|---|---|---|---|---|
| | | | | | | | 5 | |
| | | | | 8 | 2 | | | |
| 1 | | 2 | | 5 | 7 | 3 | | 9 |
| | 4 | | | 3 | | | | 6 |
| 9 | | | 5 | | 4 | | | 3 |
| 6 | | | | 2 | | | 9 | |
| 3 | | 8 | 6 | 1 | | 4 | | 7 |
| | | | 8 | 4 | | | | |
| | 6 | | | | | | | |

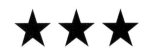

## 119

★★★

| | | | | | | | | |
|---|---|---|---|---|---|---|---|---|
| | 6 | | | | | | | |
| | 4 | 3 | 5 | 2 | | | | |
| | | | 8 | | | | | 9 |
| 8 | | | 7 | | | 9 | | 3 |
| | 2 | | | 3 | | | 1 | |
| 3 | | 4 | | | 9 | | | 6 |
| 7 | | | | | 5 | | | |
| | | | | 1 | 3 | 4 | 2 | |
| | | | | | | | 3 | |

## 120

★★★

| | | | | | | | | |
|---|---|---|---|---|---|---|---|---|
| | | | 4 | 2 | | | | 1 |
| 9 | 5 | 4 | | 6 | | | | 8 |
| | | | | | 5 | | | 7 |
| | 6 | | | | | 4 | | |
| 3 | | 2 | | | | 9 | | 5 |
| | | 8 | | | | | 7 | |
| 6 | | | 8 | | | | | |
| 4 | | | | 7 | | 8 | 3 | 9 |
| 1 | | | | 3 | 4 | | | |

| | | | | | 2 | | 5 | |
|---|---|---|---|---|---|---|---|---|
| | | 6 | | | | | | |
| 8 | | 3 | | 1 | 4 | | | |
| 3 | 8 | | 5 | | | | 6 | |
| | | 1 | | 8 | | 7 | | |
| | 2 | | | | 9 | | 8 | 5 |
| | | | 8 | 7 | | 1 | | 3 |
| | | | | | | 8 | | |
| | 9 | | 4 | | | | | |

| 8 | 2 |   |   |   |   |   |   |   |
|---|---|---|---|---|---|---|---|---|
| 4 | 1 |   |   | 6 |   |   |   |   |
|   |   | 6 | 2 |   |   | 3 |   |   |
|   |   |   |   |   | 9 | 5 |   | 8 |
| 6 |   |   |   | 8 |   |   |   | 7 |
| 5 |   | 2 | 3 |   |   |   |   |   |
|   |   | 9 |   |   | 1 | 7 |   |   |
|   |   |   |   | 7 |   |   | 8 | 6 |
|   |   |   |   |   |   |   | 2 | 4 |

123

★★★

| | | | | | | | | |
|---|---|---|---|---|---|---|---|---|
| 9 | | | | 7 | | 4 | 6 | 2 |
| 3 | | | | 1 | 4 | | | |
| 5 | | | 6 | | | | | |
| | | 4 | | | | | 7 | |
| 6 | | 2 | | | | 1 | | 8 |
| | 5 | | | | | 9 | | |
| | | | | | 9 | | | 7 |
| | | | 4 | 8 | | | | 3 |
| 2 | 8 | 9 | | 5 | | | | 4 |

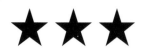

## 124

★★★

| | | | | | | | | |
|---|---|---|---|---|---|---|---|---|
| | 8 | | | 3 | | | 9 | |
| 7 | | | 5 | | 1 | | | 4 |
| | | 5 | 8 | | 2 | 1 | | |
| 6 | 1 | | | | | | 3 | 7 |
| | | 7 | | | | 2 | | |
| 2 | 4 | | | | | | 5 | 9 |
| | | 1 | 3 | | 9 | 7 | | |
| 8 | | | 2 | | 4 | | | 5 |
| | 5 | | | 1 | | | 6 | |

| | | | | | 9 | | 5 | |
|---|---|---|---|---|---|---|---|---|
| 4 | | 3 | | 6 | 2 | | | |
| | | 2 | | | | | | |
| | 1 | | | | 7 | | 2 | 4 |
| | | 6 | | 2 | | 3 | | |
| 7 | 2 | | 5 | | | | 8 | |
| | | | | | | 1 | | |
| | | | 9 | 3 | | 4 | | 2 |
| | 7 | | 8 | | | | | |

|   |   | 6 | 9 |   | 4 | 8 |   |   |
|---|---|---|---|---|---|---|---|---|
| 3 |   |   | 5 |   | 2 |   |   | 1 |
|   | 1 |   |   | 6 |   |   | 7 |   |
| 5 | 2 |   |   |   |   |   | 1 | 4 |
|   |   | 8 |   |   |   | 5 |   |   |
| 7 | 6 |   |   |   |   |   | 9 | 8 |
|   | 3 |   |   | 9 |   |   | 4 |   |
| 8 |   |   | 1 |   | 6 |   |   | 2 |
|   |   | 1 | 3 |   | 5 | 6 |   |   |

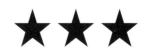

127

★★★

| | | | | | | | | |
|---|---|---|---|---|---|---|---|---|
| | | | | | 1 | 2 | 7 | |
| | | | 8 | | 7 | 9 | 5 | |
| | | | | 2 | | | | 6 |
| | 3 | 9 | 7 | | 6 | 1 | 2 | |
| 6 | | | | | | | | 9 |
| | 2 | 5 | 4 | | 3 | 6 | 8 | |
| 8 | | | | 4 | | | | |
| | 1 | 6 | 2 | | 8 | | | |
| | 9 | 4 | 1 | | | | | |

| 4 |   |   | 6 |   | 7 |   |   | 1 |
|---|---|---|---|---|---|---|---|---|
|   | 2 |   | 5 |   | 1 |   | 3 |   |
|   |   | 1 |   |   |   | 9 |   |   |
|   |   | 2 | 8 | 7 | 5 | 6 |   |   |
| 7 |   |   |   |   |   |   |   | 5 |
|   |   | 8 | 9 | 1 | 6 | 2 |   |   |
|   |   | 4 |   |   |   | 3 |   |   |
|   | 8 |   | 2 |   | 3 |   | 7 |   |
| 6 |   |   | 1 |   | 8 |   |   | 9 |

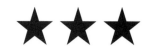

# 129

★★★

| | | | | | | | | |
|---|---|---|---|---|---|---|---|---|
| | | | | 8 | | 5 | | 4 |
| | | | | | | 6 | | 1 |
| | 9 | | | | 2 | | 8 | |
| | | | | | 9 | | 3 | 5 |
| 4 | | | | 5 | | | | 8 |
| 3 | 6 | | 7 | | | | | |
| | 4 | | 6 | | | | 7 | |
| 5 | | 6 | | | | | | |
| 1 | | 2 | | 4 | | | | |

|   |   | 7 |   |   |   |   |   | 6 |
|---|---|---|---|---|---|---|---|---|
| 1 |   | 4 |   | 2 |   |   |   |   |
|   |   |   |   |   | 9 |   | 8 |   |
|   | 9 |   |   |   | 8 |   |   | 2 |
| 5 |   | 2 |   | 7 |   | 6 |   | 8 |
| 4 |   |   | 5 |   |   |   | 3 |   |
|   | 5 |   | 1 |   |   |   |   |   |
|   |   |   |   | 6 |   | 2 |   | 7 |
| 3 |   |   |   |   |   | 4 |   |   |

|   |   |   |   |   |   |   |   |   |
|---|---|---|---|---|---|---|---|---|
|   |   |   |   |   |   |   |   |   |
|   | 7 | 8 |   | 3 |   | 4 | 6 |   |
|   |   | 2 | 8 |   | 9 | 1 |   |   |
| 8 |   | 6 |   |   |   | 3 |   | 5 |
| 9 | 2 |   |   |   |   |   | 8 | 4 |
| 7 |   | 1 |   |   |   | 6 |   | 2 |
|   |   | 5 | 1 |   | 7 | 8 |   |   |
|   | 1 | 9 |   | 6 |   | 5 | 3 |   |
|   |   |   |   |   |   |   |   |   |

| 5 |   |   | 7 |   | 2 |   |   | 8 |
|---|---|---|---|---|---|---|---|---|
|   |   | 8 | 6 |   | 4 | 9 |   |   |
|   | 9 |   |   | 5 |   |   | 6 |   |
| 9 | 8 |   |   |   |   |   | 3 | 2 |
|   |   | 3 |   |   |   | 6 |   |   |
| 6 | 2 |   |   |   |   |   | 1 | 4 |
|   | 6 |   |   | 2 |   |   | 5 |   |
|   |   | 1 | 3 |   | 9 | 7 |   |   |
| 4 |   |   | 5 |   | 1 |   |   | 9 |

| 2 | 5 |   |   |   |   |   | 9 | 6 |
|---|---|---|---|---|---|---|---|---|
|   |   | 3 |   |   |   | 7 |   |   |
|   | 7 |   | 9 |   | 3 |   | 5 |   |
| 5 |   |   |   | 8 |   |   |   | 3 |
|   | 4 |   | 1 |   | 9 |   | 6 |   |
| 3 |   |   |   | 7 |   |   |   | 9 |
|   | 2 |   | 3 |   | 4 |   | 1 |   |
|   |   | 1 |   |   |   | 8 |   |   |
| 6 | 3 |   |   |   |   |   | 4 | 7 |

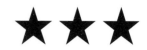

134 ★★★

| | | | | | | | | |
|---|---|---|---|---|---|---|---|---|
| 8 | | 4 | 3 | | 6 | 2 | | 7 |
| | | 7 | 4 | 2 | 5 | 8 | | |
| | | | | | | | | |
| | 8 | 9 | 6 | | 4 | 1 | 2 | |
| | 4 | | | | | | 7 | |
| | 5 | 1 | 7 | | 8 | 4 | 3 | |
| | | | | | | | | |
| | | 8 | 5 | 4 | 2 | 3 | | |
| 1 | | 5 | 8 | | 3 | 7 | | 9 |

| | | | 7 | | 2 | 3 | 5 | |
|---|---|---|---|---|---|---|---|---|
| | | | 9 | | 8 | 2 | 4 | |
| | | | | 5 | | | | 6 |
| | 6 | | 3 | | 1 | 4 | 9 | |
| 9 | | | | | | | | 3 |
| | 1 | 4 | 8 | | 5 | | 6 | |
| 5 | | | | 2 | | | | |
| | 7 | 1 | 6 | | 9 | | | |
| | 2 | 9 | 5 | | 4 | | | |

| 5 |   | 6 |   | 1 |   | 2 |   | 4 |
|   |   |   |   |   |   |   |   |   |
| 4 |   |   | 6 |   | 7 |   |   | 3 |
|   |   |   |   |   |   |   |   |   |
| 1 | 3 |   |   |   |   |   | 4 | 2 |
|   | 5 | 9 |   |   |   | 3 | 8 |   |
| 6 | 7 |   |   |   |   |   | 9 | 1 |
|   |   |   |   |   |   |   |   |   |
| 9 |   |   | 3 |   | 5 |   |   | 6 |
| 3 |   | 7 |   | 2 |   | 1 |   | 8 |

|   |   | 9 |   |   |   |   |   |   |
|---|---|---|---|---|---|---|---|---|
|   |   |   |   | 6 | 2 |   |   |   |
| 8 | 1 |   |   | 9 | 3 |   | 7 | 2 |
|   |   | 1 |   | 2 |   |   | 5 |   |
|   | 8 |   | 9 |   | 4 |   | 1 |   |
|   | 5 |   |   | 8 |   | 4 |   |   |
| 4 | 3 |   | 5 | 7 |   |   | 8 | 6 |
|   |   |   | 6 | 4 |   |   |   |   |
|   |   |   |   |   |   | 5 |   |   |

| 3 | 5 | 9 |   | 1 |   |   | 2 |   |
|---|---|---|---|---|---|---|---|---|
|   |   |   |   | 8 | 6 |   | 5 |   |
|   |   |   | 9 |   |   |   | 7 |   |
| 5 |   |   |   |   |   | 7 |   |   |
| 1 | 4 |   |   |   |   |   | 9 | 8 |
|   |   | 6 |   |   |   |   |   | 5 |
|   | 1 |   |   |   | 4 |   |   |   |
|   | 6 |   | 5 | 2 |   |   |   |   |
|   | 2 |   |   | 7 |   | 4 | 6 | 3 |

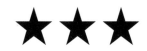

139

★★★

| | | | | | | | | |
|---|---|---|---|---|---|---|---|---|
| 2 | | | | 5 | | | | 1 |
| | 4 | | | | | | 9 | |
| | | 1 | 9 | | 4 | 7 | | |
| 4 | 8 | | 6 | | 2 | | 7 | 5 |
| | | | 5 | | 7 | | | |
| 7 | 9 | | 4 | | 3 | | 6 | 2 |
| | | 8 | 2 | | 9 | 3 | | |
| | 5 | | | | | | 8 | |
| 3 | | | | 6 | | | | 7 |

| 9 | 3 |   | 4 |   | 7 |   | 2 | 8 |
|---|---|---|---|---|---|---|---|---|
|   |   |   | 3 | 8 | 9 |   |   |   |
| 7 |   |   |   |   |   |   |   | 3 |
| 1 | 5 |   | 8 |   | 3 |   | 9 | 6 |
|   | 8 |   |   |   |   |   | 5 |   |
| 3 | 9 |   | 6 |   | 2 |   | 8 | 1 |
| 4 |   |   |   |   |   |   |   | 2 |
|   |   |   | 5 | 2 | 1 |   |   |   |
| 2 | 1 |   | 7 |   | 8 |   | 3 | 5 |

| | | | | 1 | | 7 | | 2 |
|---|---|---|---|---|---|---|---|---|
| | | | 7 | | | 9 | | |
| | 4 | | 9 | | 6 | | | |
| | 3 | 9 | 5 | | | | | |
| | | 8 | | 9 | | 1 | | |
| | | | | | 4 | 3 | 6 | |
| | | | 2 | | 9 | | 5 | |
| | | 7 | | | 5 | | | |
| 9 | | 1 | | 8 | | | | |

|   | 9 |   | 4 |   | 6 |   | 7 |   |
|---|---|---|---|---|---|---|---|---|
| 1 |   | 3 |   | 2 |   | 5 |   | 4 |
|   | 6 |   |   |   |   |   | 8 |   |
|   |   | 5 |   | 1 |   | 8 |   |   |
|   |   |   | 2 |   | 9 |   |   |   |
|   |   | 8 |   | 6 |   | 7 |   |   |
|   | 8 |   |   |   |   |   | 1 |   |
| 3 |   | 7 |   | 9 |   | 4 |   | 6 |
|   | 5 |   | 1 |   | 3 |   | 2 |   |

| 7 | 3 |   | 9 |   | 2 |   |   |   |
|---|---|---|---|---|---|---|---|---|
| 2 | 1 |   | 6 |   | 5 |   |   |   |
|   |   | 4 |   | 3 |   |   |   |   |
|   | 4 |   | 5 |   | 3 |   | 8 | 1 |
|   |   | 7 |   |   |   | 6 |   |   |
| 1 | 6 |   | 7 |   | 8 |   | 4 |   |
|   |   |   |   | 2 |   | 3 |   |   |
|   |   |   | 4 |   | 6 |   | 9 | 8 |
|   |   |   | 3 |   | 1 |   | 2 | 6 |

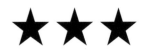

## 144

★★★

| | | | | | | | | |
|---|---|---|---|---|---|---|---|---|
| | | | | | | | | 5 |
| | | 8 | | | 3 | | | |
| | | | | 4 | 1 | | 9 | 6 |
| | 8 | 9 | | | 2 | 3 | | |
| 7 | | | | 9 | | | | 4 |
| | | 5 | 8 | | | 9 | 6 | |
| 4 | 6 | | 9 | 7 | | | | |
| | | | 1 | | | 2 | | |
| 9 | | | | | | | | |

# 145

★★★

| | | | | | | | | |
|---|---|---|---|---|---|---|---|---|
| | | | | 1 | | | | |
| 9 | | | 7 | | 2 | | | 4 |
| | 5 | | 9 | | 6 | | 7 | |
| 6 | 8 | | 5 | | 1 | | 4 | 2 |
| | | 9 | | 3 | | 1 | | |
| 2 | 4 | | 6 | | 8 | | 5 | 7 |
| | 6 | | 8 | | 3 | | 2 | |
| 8 | | | 1 | | 7 | | | 3 |
| | | | | 6 | | | | |

★★★

| | | | | | | | | |
|---|---|---|---|---|---|---|---|---|
| | | | 1 | 5 | | | | |
| 1 | 3 | | 8 | 6 | | | 2 | 5 |
| | | 8 | | | | | | |
| | 8 | | | 9 | | 7 | | |
| | 7 | | 4 | | 5 | | 3 | |
| | | 5 | | 3 | | | 8 | |
| | | | | | | 4 | | |
| 9 | 6 | | | 4 | 2 | | 7 | 3 |
| | | | | 1 | 9 | | | |

147 ★★★

| | | | | | | | | |
|---|---|---|---|---|---|---|---|---|
| 5 | | | | 3 | | | | 9 |
| 7 | | 4 | 5 | | 2 | 3 | | 8 |
| | | | 9 | 7 | 8 | | | |
| | | 9 | | | | 7 | | |
| 2 | | | | | | | | 1 |
| | | 5 | | | | 8 | | |
| | | | 3 | 6 | 4 | | | |
| 4 | | 8 | 2 | | 1 | 5 | | 6 |
| 1 | | | | 8 | | | | 2 |

|   |   |   |   |   | 3 | 5 |   |   |
|---|---|---|---|---|---|---|---|---|
| 2 | 6 |   |   | 4 |   |   |   |   |
| 7 |   |   | 2 | 5 |   |   | 9 |   |
|   |   | 3 |   |   | 8 |   |   |   |
| 4 |   |   |   | 6 |   |   |   | 1 |
|   |   |   | 5 |   |   | 7 |   |   |
|   | 1 |   |   | 8 | 4 |   |   | 6 |
|   |   |   |   | 1 |   |   | 2 | 4 |
|   |   | 8 | 9 |   |   |   |   |   |

| 1 |   | 5 |   |   |   | 7 |   | 2 |
|---|---|---|---|---|---|---|---|---|
|   | 4 |   |   |   |   |   | 9 |   |
|   |   | 7 | 9 |   | 5 | 4 |   |   |
| 9 |   |   |   | 6 |   |   |   | 7 |
|   |   | 1 | 5 |   | 8 | 3 |   |   |
| 5 |   |   |   | 4 |   |   |   | 9 |
|   |   | 8 | 3 |   | 9 | 2 |   |   |
|   | 6 |   |   |   |   |   | 8 |   |
| 4 |   | 3 |   |   |   | 9 |   | 1 |

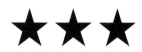

150

★★★

| | | | | | | | | |
|---|---|---|---|---|---|---|---|---|
| | | | | 1 | | 2 | | |
| | | | | | 7 | | 5 | 1 |
| | | | 2 | | 8 | | 7 | 3 |
| 7 | 8 | | 3 | | 4 | | 9 | 5 |
| | | 5 | | | | 3 | | |
| 3 | 2 | | 9 | | 1 | | 8 | 6 |
| 5 | 6 | | 4 | | 2 | | | |
| 8 | 4 | | 7 | | | | | |
| | | 3 | | 8 | | | | |

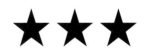

## 151

★★★

| | | | | | | | | |
|---|---|---|---|---|---|---|---|---|
| | | 4 | 1 | | | | | |
| 5 | | | | | | | | 9 |
| 1 | | | | 5 | 3 | | | 6 |
| 6 | 8 | | | 9 | | | | |
| 4 | 2 | | 8 | | 5 | | 9 | 7 |
| | | | | 4 | | | 2 | 3 |
| 7 | | | 3 | 1 | | | | 5 |
| 8 | | | | | | | | 2 |
| | | | | | 9 | 3 | | |

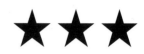

152

★★★

| | | | | | | | | |
|---|---|---|---|---|---|---|---|---|
| | | | 9 | | | | | 7 |
| 3 | 8 | 9 | | 1 | | | | 2 |
| | | | | 6 | 5 | | | 3 |
| | 3 | | | | | 7 | | |
| 4 | 1 | | | | | | 6 | 9 |
| | | 5 | | | | | 3 | |
| 5 | | | 3 | 2 | | | | |
| 2 | | | | 7 | | 4 | 8 | 5 |
| 1 | | | | | 4 | | | |

|   |   |   |   | 8 |   | 9 | 6 |   |
|---|---|---|---|---|---|---|---|---|
| 3 |   |   |   |   | 5 |   |   |   |
|   |   | 4 | 6 | 3 |   |   | 2 |   |
|   |   |   |   |   | 7 |   |   | 5 |
|   | 1 |   |   | 9 |   |   | 8 |   |
| 2 |   |   | 3 |   |   |   |   |   |
|   | 9 |   |   | 7 | 8 | 1 |   |   |
|   |   |   | 4 |   |   |   |   | 7 |
|   | 8 | 6 |   | 1 |   |   |   |   |

| 1 |   |   |   |   |   |   |   | 6 |
|---|---|---|---|---|---|---|---|---|
|   | 5 |   | 8 |   | 2 |   | 1 |   |
|   | 8 | 3 |   |   |   | 7 | 2 |   |
|   |   | 8 |   | 7 |   | 9 |   |   |
|   | 2 |   | 1 |   | 9 |   | 3 |   |
|   |   | 4 |   | 6 |   | 8 |   |   |
|   | 4 | 5 |   |   |   | 3 | 9 |   |
|   | 7 |   | 9 |   | 8 |   | 4 |   |
| 8 |   |   |   |   |   |   |   | 7 |

# 155

★★★

| | | | | | | | | |
|---|---|---|---|---|---|---|---|---|
| | | | | 8 | | 9 | 5 | |
| 3 | | | | | 4 | | | |
| | 8 | | 9 | 3 | | 2 | | |
| | | | | | 6 | | | 1 |
| | | 9 | | 2 | | 8 | | |
| 7 | | | 3 | | | | | |
| | | 1 | | 6 | 5 | | 4 | |
| | | | 7 | | | | | 6 |
| | 2 | 5 | | 9 | | | | |

|   | 2 | 3 | 7 |   | 8 | 6 | 9 |   |
|---|---|---|---|---|---|---|---|---|
|   | 7 |   | 5 | 1 | 9 |   | 8 |   |
|   |   |   |   |   |   |   |   |   |
| 7 | 1 |   | 8 |   | 2 |   | 6 | 9 |
| 2 |   |   |   |   |   |   |   | 1 |
| 5 | 6 |   | 1 |   | 4 |   | 3 | 8 |
|   |   |   |   |   |   |   |   |   |
|   | 8 |   | 9 | 5 | 1 |   | 2 |   |
|   | 5 | 2 | 4 |   | 7 | 8 | 1 |   |

| 8 | 9 | 7 |   | 2 |   |   | 1 |   |
|---|---|---|---|---|---|---|---|---|
|   |   |   |   |   | 7 |   | 5 |   |
|   |   |   | 6 | 4 |   |   | 9 |   |
|   |   | 6 |   |   |   |   |   | 9 |
| 2 | 3 |   |   |   |   |   | 7 | 4 |
| 9 |   |   |   |   |   | 5 |   |   |
|   | 6 |   |   | 1 | 9 |   |   |   |
|   | 2 |   | 3 |   |   |   |   |   |
|   | 1 |   |   | 5 |   | 3 | 6 | 8 |

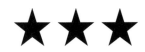

## 158

★★★

| | | | | | | | | |
|---|---|---|---|---|---|---|---|---|
| 8 | | | | | | | | 2 |
| | | 9 | 6 | | 7 | 5 | | |
| | 3 | | 1 | | 8 | | 7 | |
| 5 | | | 7 | 3 | 4 | | | 1 |
| | | 4 | | | | 3 | | |
| 1 | | | 9 | 6 | 5 | | | 7 |
| | 8 | | 4 | | 6 | | 1 | |
| | | 6 | 5 | | 3 | 2 | | |
| 9 | | | | | | | | 6 |

159 ★★★

| | | | | | | | | |
|---|---|---|---|---|---|---|---|---|
| 1 | | | 7 | 8 | | | 3 | |
| | | 8 | | | 6 | | | |
| | | | | 1 | | | 7 | 9 |
| | | 5 | 8 | | | | | |
| | 7 | | | 3 | | | 1 | |
| | | | | | 4 | 2 | | |
| 3 | 9 | | | 7 | | | | |
| | | | 5 | | | 4 | | |
| | 2 | | | 4 | 9 | | | 6 |

| 3 | 2 |   |   |   |   |   | 4 | 9 |
|---|---|---|---|---|---|---|---|---|
|   |   | 6 |   |   |   | 1 |   |   |
|   |   | 7 | 2 |   | 3 | 6 |   |   |
|   | 1 |   |   | 8 |   |   | 5 |   |
|   |   | 4 | 1 |   | 9 | 8 |   |   |
|   | 6 |   |   | 4 |   |   | 9 |   |
|   |   | 5 | 3 |   | 7 | 2 |   |   |
|   |   | 9 |   |   |   | 5 |   |   |
| 1 | 8 |   |   |   |   |   | 7 | 3 |

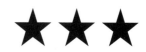

★★★

| | | | | | | | | |
|---|---|---|---|---|---|---|---|---|
| 4 | | | | | | | | 3 |
| | | 7 | 1 | | 3 | 8 | | |
| 3 | | 1 | | 9 | | 2 | | 7 |
| | | | 4 | | 7 | | | |
| 5 | | | | | | | | 1 |
| | | | 9 | | 1 | | | |
| 1 | | 6 | | 7 | | 4 | | 8 |
| | | 8 | 5 | | 2 | 9 | | |
| 2 | | | | | | | | 5 |

## 162

★★★

| | | | | | | | | |
|---|---|---|---|---|---|---|---|---|
| | | 1 | | | | 4 | | |
| 6 | 7 | | | | | | 8 | 9 |
| | 3 | | 8 | | 7 | | 1 | |
| 2 | | | | 4 | | | | 7 |
| | 8 | | 5 | | 1 | | 6 | |
| 7 | | | | 9 | | | | 5 |
| | 9 | | 7 | | 5 | | 2 | |
| 3 | 2 | | | | | | 5 | 6 |
| | | 7 | | | | 9 | | |

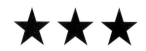

# 163

★★★

| | | | | | | | | |
|---|---|---|---|---|---|---|---|---|
| | 1 | 2 | | 9 | | | | |
| | | | 7 | | 8 | | | 5 |
| | 7 | | 1 | | | | | |
| 8 | 4 | | | | 5 | | | |
| | 9 | | | 7 | | | 6 | |
| | | | 3 | | | | 7 | 4 |
| | | | | | 3 | | 1 | |
| 3 | | | 2 | | 7 | | | |
| | | | | 6 | | 7 | 9 | |

|   |   |   | 1 |   | 9 |   | 8 | 3 |
|---|---|---|---|---|---|---|---|---|
|   |   |   |   |   | 4 |   | 2 | 9 |
|   |   |   |   | 2 |   | 5 |   |   |
| 6 | 8 |   | 9 |   | 5 |   | 4 | 2 |
|   |   | 5 |   |   |   | 8 |   |   |
| 2 | 3 |   | 7 |   | 6 |   | 5 | 1 |
|   |   | 1 |   | 7 |   |   |   |   |
| 8 | 7 |   | 4 |   |   |   |   |   |
| 4 | 5 |   | 2 |   | 1 |   |   |   |

165

★★★

| | | | | | | | | |
|---|---|---|---|---|---|---|---|---|
| | 6 | | 7 | | 1 | | 3 | |
| 3 | | | | | | | | 7 |
| | | 5 | 4 | | 3 | 8 | | |
| 5 | 8 | | 9 | | 7 | | 1 | 2 |
| | | | | | | | | |
| 7 | 1 | | 2 | | 6 | | 9 | 5 |
| | | 1 | 3 | | 9 | 2 | | |
| 4 | | | | | | | | 6 |
| | 2 | | 8 | | 5 | | 4 | |

|   |   |   | 3 | 9 |   |   |   |   |
|---|---|---|---|---|---|---|---|---|
| 3 | 7 |   | 8 | 1 |   |   | 5 | 9 |
|   |   | 8 |   |   |   |   |   |   |
|   |   | 9 |   | 7 |   |   | 8 |   |
|   | 6 |   | 4 |   | 9 |   | 7 |   |
|   | 8 |   |   | 2 |   | 6 |   |   |
|   |   |   |   |   |   | 4 |   |   |
| 2 | 1 |   |   | 4 | 5 |   | 6 | 7 |
|   |   |   |   | 3 | 2 |   |   |   |

| | | 7 | 6 | 9 | | | | |
|---|---|---|---|---|---|---|---|---|
| | | 4 | | 5 | | 7 | 1 | 8 |
| | | 2 | | | 8 | | | |
| | 7 | | | | | | | 6 |
| | 9 | 8 | | | | 3 | 5 | |
| 2 | | | | | | | 7 | |
| | | | 3 | | | 5 | | |
| 3 | 1 | 6 | | 2 | | 4 | | |
| | | | | 4 | 7 | 6 | | |

168 ★★★

| | | | | | | | | |
|---|---|---|---|---|---|---|---|---|
| 8 | | | | | | | | 9 |
| | 6 | | 1 | | 3 | | 5 | |
| 4 | 2 | | | | | | 3 | 6 |
| | | 5 | 2 | 8 | 1 | 3 | | |
| | | | | | | | | |
| | | 8 | 7 | 4 | 9 | 6 | | |
| 2 | 3 | | | | | | 9 | 7 |
| | 7 | | 6 | | 5 | | 4 | |
| 5 | | | | | | | | 3 |

|   |   | 5 |   |   |   | 9 |   |   |
|---|---|---|---|---|---|---|---|---|
| 8 |   |   | 4 |   | 5 |   |   | 6 |
|   | 7 |   | 9 |   | 1 |   | 5 |   |
|   | 1 | 9 | 3 |   | 7 | 8 | 2 |   |
|   |   |   |   |   |   |   |   |   |
|   | 6 | 8 | 2 |   | 9 | 3 | 1 |   |
|   | 3 |   | 6 |   | 8 |   | 4 |   |
| 1 |   |   | 5 |   | 2 |   |   | 3 |
|   |   | 4 |   |   |   | 7 |   |   |

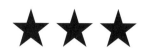

# 170

★★★

| | | | | | | | | |
|---|---|---|---|---|---|---|---|---|
| 3 | 8 | | | 7 | | | 6 | 2 |
| | | 1 | | | | 4 | | |
| | | 5 | 6 | | 1 | 9 | | |
| 4 | | | | 1 | | | | 9 |
| | | | 7 | | 5 | | | |
| 2 | | | | 8 | | | | 4 |
| | | 2 | 8 | | 3 | 7 | | |
| | | 4 | | | | 8 | | |
| 9 | 3 | | | 5 | | | 1 | 6 |

| 4 |   |   | 6 |   |   |   |   |   |
|---|---|---|---|---|---|---|---|---|
|   |   |   |   | 2 |   | 1 | 3 |   |
|   |   | 8 |   | 4 | 3 |   | 9 |   |
|   |   |   | 5 |   |   |   |   | 6 |
|   | 7 |   |   | 1 |   |   | 2 |   |
| 9 |   |   |   |   | 4 |   |   |   |
|   | 1 |   | 2 | 5 |   | 7 |   |   |
|   | 2 | 3 |   | 7 |   |   |   |   |
|   |   |   |   |   | 8 |   |   | 5 |

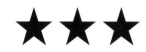

## 172

★★★

| | | | | | | | | |
|---|---|---|---|---|---|---|---|---|
| | 9 | | | | | | | |
| 6 | 1 | | | 8 | 2 | | | |
| | | | | | 7 | 5 | | |
| | | 7 | | | 3 | 6 | | 5 |
| | 8 | | | 6 | | | 4 | |
| 1 | | 6 | 5 | | | 9 | | |
| | | 3 | 2 | | | | | |
| | | | 6 | 4 | | | 8 | 1 |
| | | | | | | | 6 | |

**173** ★★★

| | | | | | | | | |
|---|---|---|---|---|---|---|---|---|
| | | | | | | | | |
| | 5 | 6 | | | | 8 | 7 | |
| 1 | 8 | | | 3 | | | 9 | 2 |
| | | 7 | 9 | | 3 | 2 | | |
| | 9 | | | | | | 6 | |
| | | 1 | 5 | | 6 | 3 | | |
| 7 | 3 | | | 1 | | | 2 | 5 |
| | 4 | 8 | | | | 9 | 3 | |
| | | | | | | | | |

| | | 9 | | | | 7 | | 5 |
|---|---|---|---|---|---|---|---|---|
| 5 | 3 | | | | 7 | 6 | | |
| 1 | | | | 2 | | | 8 | |
| | 6 | 8 | 4 | | | | | |
| | | | | | | | | |
| | | | | | 2 | 4 | 5 | |
| | 4 | | | 3 | | | | 1 |
| | | 3 | 6 | | | | 4 | 9 |
| 8 | | 7 | | | | 5 | | |

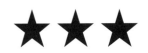

175

★★★

| | | | | | | | | |
|---|---|---|---|---|---|---|---|---|
| | 5 | 9 | 8 | | 6 | 4 | 3 | |
| | | | 1 | 3 | 5 | | | |
| | 6 | | | 9 | | | 8 | |
| | | 2 | | | | 7 | | |
| | 8 | | | | | | 6 | |
| | | 4 | | | | 9 | | |
| | 4 | | | 1 | | | 2 | |
| | | | 2 | 7 | 9 | | | |
| | 7 | 5 | 4 | | 8 | 1 | 9 | |

| 8 | 3 |   |   |   |   |   | 1 | 6 |
|---|---|---|---|---|---|---|---|---|
|   | 4 |   |   |   |   |   | 8 |   |
| 1 |   |   | 4 |   | 2 |   |   | 9 |
|   |   | 4 | 5 | 7 | 3 | 8 |   |   |
|   |   |   |   |   |   |   |   |   |
|   |   | 7 | 6 | 9 | 1 | 2 |   |   |
| 2 |   |   | 8 |   | 5 |   |   | 4 |
|   | 7 |   |   |   |   |   | 6 |   |
| 3 | 9 |   |   |   |   |   | 2 | 8 |

| 1 |   |   | 9 |   | 7 |   |   | 4 |
|---|---|---|---|---|---|---|---|---|
|   |   |   |   | 4 |   |   |   |   |
|   |   | 7 | 5 |   | 1 | 2 |   |   |
| 6 |   | 8 | 1 |   | 3 | 7 |   | 9 |
|   | 7 |   |   | 8 |   |   | 3 |   |
| 3 |   | 1 | 7 |   | 2 | 4 |   | 6 |
|   |   | 9 | 2 |   | 5 | 6 |   |   |
|   |   |   |   | 3 |   |   |   |   |
| 8 |   |   | 6 |   | 9 |   |   | 5 |

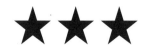

# 178

★★★

| | | | | | | | | |
|---|---|---|---|---|---|---|---|---|
| | 6 | | | | | | 5 | |
| | | | | | 4 | 7 | | |
| | 1 | | 7 | 2 | | | 3 | |
| | | | | 8 | | | 7 | 5 |
| 5 | 8 | | 6 | | 3 | | 1 | 4 |
| 6 | 9 | | | 4 | | | | |
| | 2 | | | 3 | 7 | | 9 | |
| | | 8 | 2 | | | | | |
| | 3 | | | | | | 4 | |

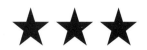

179

★★★

| | | | | | | | | |
|---|---|---|---|---|---|---|---|---|
| | | 2 | | | | 1 | | |
| 4 | | | 1 | | 2 | | | 7 |
| 5 | | 9 | | 6 | | 4 | | 8 |
| | | | 7 | | 9 | | | |
| | | 1 | | | | 9 | | |
| | | | 8 | | 6 | | | |
| 9 | | 3 | | 7 | | 6 | | 2 |
| 6 | | | 9 | | 3 | | | 4 |
| | | 8 | | | | 3 | | |

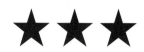

# 180

| | | | | | | | | |
|---|---|---|---|---|---|---|---|---|
| | | 7 | | 3 | | | | 6 |
| | 1 | | | | | 2 | 8 | |
| 4 | | 2 | 8 | | | | 9 | |
| 9 | 6 | | | | 5 | | | |
| | | | | | | | | |
| | | | 3 | | | | 5 | 2 |
| | 4 | | | | 9 | 1 | | 5 |
| | 8 | 6 | | | | | 2 | |
| 5 | | | | 4 | | 7 | | |

| | 4 | | 7 | | | | 3 | |
| | | | 8 | 3 | | 5 | | 1 |
| | | | | | | 2 | | 8 |
| | | | 9 | | | | 6 | |
| 1 | | | | 8 | | | | 3 |
| | 2 | | | | 4 | | | |
| 6 | | 2 | | | | | | |
| 5 | | 8 | | 1 | 7 | | | |
| | 1 | | | | 2 | | 9 | |

|   |   | 4 |   | 9 | 6 | 8 |   |   |
|---|---|---|---|---|---|---|---|---|
|   |   |   | 2 |   |   |   |   | 6 |
|   |   | 5 |   |   |   | 7 |   |   |
|   | 5 | 3 |   | 2 |   |   |   |   |
|   | 7 | 1 | 8 |   | 5 | 4 | 2 |   |
|   |   |   |   | 1 |   | 6 | 7 |   |
|   |   | 8 |   |   |   | 2 |   |   |
| 1 |   |   |   |   | 9 |   |   |   |
|   |   | 9 | 6 | 8 |   | 3 |   |   |

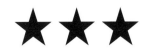

**183** ★★★

| | | | | | | | | |
|---|---|---|---|---|---|---|---|---|
| | 9 | | | 6 | | | | |
| 8 | | 7 | 9 | | 4 | | | |
| 6 | | 2 | | | 7 | | | |
| 5 | | 4 | 3 | | 6 | 9 | | 8 |
| | 8 | | | | | | 2 | |
| 2 | | 3 | 8 | | 1 | 4 | | 7 |
| | | | 7 | | | 1 | | 4 |
| | | | 1 | | 9 | 5 | | 2 |
| | | | | 4 | | | 8 | |

## 184

★★★

| | | | | | | | | |
|---|---|---|---|---|---|---|---|---|
| | | | 8 | | | 2 | 9 | |
| | | | 2 | | 6 | 7 | 1 | |
| | | | | 9 | | | | 3 |
| | 7 | 9 | 4 | | 5 | 6 | 3 | |
| 3 | | | | | | | | 1 |
| | 1 | 4 | 3 | | 2 | 9 | 8 | |
| 6 | | | | 5 | | | | |
| | 3 | 8 | 6 | | 9 | | | |
| | 5 | 1 | | | 8 | | | |

| 1 |   | 4 |   |   |   | 5 |   | 6 |
|---|---|---|---|---|---|---|---|---|
|   |   | 6 | 3 |   | 7 | 8 |   |   |
| 7 |   |   |   |   |   |   |   | 4 |
|   | 2 |   | 6 | 8 | 5 |   | 3 |   |
|   |   |   |   |   |   |   |   |   |
|   | 7 |   | 1 | 2 | 9 |   | 4 |   |
| 2 |   |   |   |   |   |   |   | 5 |
|   |   | 3 | 9 |   | 4 | 7 |   |   |
| 8 |   | 1 |   |   |   | 4 |   | 3 |

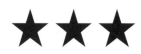

# 186

★★★

| | | | | | | | | |
|---|---|---|---|---|---|---|---|---|
| | 6 | | 9 | | | | | |
| | | | 2 | 8 | | 4 | | 1 |
| | | | | | | | | 7 |
| | 4 | 6 | 3 | | | | 9 | |
| 5 | | | | 4 | | | | 8 |
| | 7 | | | | 6 | 1 | 4 | |
| 4 | | | | | | | | |
| 8 | | 1 | | 5 | 4 | | | |
| | | | | | 2 | | 3 | |

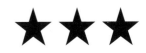

187

★★★

| | | | | | | | | |
|---|---|---|---|---|---|---|---|---|
| 3 | | | | 4 | | | | 9 |
| | | 6 | 2 | | 5 | 8 | | |
| | 2 | | 3 | | 1 | | 5 | |
| 8 | | 1 | | | | 9 | | 2 |
| | 6 | | | | | | 1 | |
| 5 | | 7 | | | | 6 | | 4 |
| | 5 | | 4 | | 9 | | 6 | |
| | | 3 | 1 | | 8 | 2 | | |
| 2 | | | | 5 | | | | 7 |

| | | | | | | | | |
|---|---|---|---|---|---|---|---|---|
| | | 7 | | | | 3 | | |
| 6 | 5 | | | | | | 4 | 8 |
| 3 | | | 7 | | 8 | | | 6 |
| | 6 | | | 2 | | | 7 | |
| 9 | | | 8 | | 1 | | | 4 |
| | 7 | | | 3 | | | 8 | |
| 5 | | | 9 | | 7 | | | 1 |
| 7 | 4 | | | | | | 3 | 9 |
| | | 1 | | | | 2 | | |

| | 5 | 6 | | | | 3 | 8 | |
|---|---|---|---|---|---|---|---|---|
| | 8 | | 7 | | 5 | | 2 | |
| 2 | | | | | | | | 7 |
| | | 7 | | 9 | | 8 | | |
| | 6 | | 5 | | 4 | | 1 | |
| | | 5 | | 2 | | 7 | | |
| 9 | | | | | | | | 4 |
| | 4 | | 1 | | 7 | | 3 | |
| | 1 | 2 | | | | 6 | 7 | |

| 4 |   |   |   | 2 |   |   |   | 7 |
|---|---|---|---|---|---|---|---|---|
|   | 5 |   | 6 |   | 1 |   | 2 |   |
|   |   | 7 | 8 |   | 4 | 5 |   |   |
| 3 | 6 |   |   |   |   |   | 7 | 5 |
|   |   | 4 |   |   |   | 3 |   |   |
| 9 | 8 |   |   |   |   |   | 4 | 6 |
|   |   | 1 | 7 |   | 3 | 9 |   |   |
|   | 7 |   | 9 |   | 2 |   | 8 |   |
| 2 |   |   |   | 6 |   |   |   | 4 |

# 191

★★★

| | | | | | | | | |
|---|---|---|---|---|---|---|---|---|
| 6 | | 7 | | | | 3 | | 2 |
| 3 | | | | | | | | 1 |
| | | 9 | 1 | | 5 | 6 | | |
| | 5 | | 7 | 9 | 6 | | 8 | |
| | | | | | | | | |
| | 3 | | 4 | 8 | 2 | | 1 | |
| | | 1 | 3 | | 4 | 5 | | |
| 7 | | | | | | | | 8 |
| 5 | | 3 | | | | 2 | | 9 |

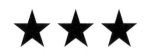

# 192

★★★

| | | | | | | | | |
|---|---|---|---|---|---|---|---|---|
| | 4 | | 6 | | 3 | | 5 | |
| | | 1 | | | | 4 | | |
| 2 | | | 4 | | 9 | | | 8 |
| | | 8 | 3 | 4 | 1 | 7 | | |
| | 9 | | | | | | 6 | |
| | | 3 | 9 | 6 | 7 | 8 | | |
| 6 | | | 2 | | 8 | | | 7 |
| | | 2 | | | | 5 | | |
| | 1 | | 7 | | 4 | | 3 | |

| | 2 | | 3 | | 7 | | 5 | |
|---|---|---|---|---|---|---|---|---|
| 8 | | | 5 | | 2 | | | 1 |
| | | 6 | | 4 | | 3 | | |
| 6 | | 5 | | | | 8 | | 7 |
| | 7 | | | | | | 1 | |
| 1 | | 4 | | | | 2 | | 9 |
| | | 9 | | 2 | | 5 | | |
| 5 | | | 7 | | 8 | | | 3 |
| | 1 | | 4 | | 6 | | 2 | |

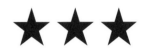

## 194

| | | | | | | | | |
|---|---|---|---|---|---|---|---|---|
| | 2 | | | | | | 1 | |
| | | | 8 | 1 | 3 | | | |
| 8 | 1 | | 5 | | 4 | | 3 | 9 |
| 7 | 9 | | 1 | | 6 | | 8 | 5 |
| 5 | | | | | | | | 3 |
| 3 | 8 | | 9 | | 5 | | 6 | 7 |
| 9 | 7 | | 4 | | 2 | | 5 | 1 |
| | | | 7 | 5 | 9 | | | |
| | 4 | | | | | | 9 | |

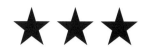

# 195

| | | | | | | | | |
|---|---|---|---|---|---|---|---|---|
| | | | 8 | | 7 | | 9 | 3 |
| | | | 1 | | 5 | | 2 | 8 |
| | | | | 9 | | 6 | | |
| 2 | 4 | | 9 | | 1 | | 6 | |
| | | 5 | | | | 3 | | |
| | 6 | | 4 | | 3 | | 5 | 2 |
| | | 9 | | 8 | | | | |
| 4 | 7 | | 5 | | 6 | | | |
| 5 | 8 | | 2 | | 9 | | | |

| | | 5 | | | | 8 | | |
|---|---|---|---|---|---|---|---|---|
| | 3 | | 9 | | 8 | | 1 | |
| 7 | | | 6 | | 4 | | | 2 |
| 3 | | 2 | 8 | | 6 | 7 | | 5 |
| | | | | | | | | |
| 4 | | 7 | 1 | | 3 | 6 | | 9 |
| 1 | | | 4 | | 5 | | | 8 |
| | 7 | | 3 | | 9 | | 2 | |
| | | 9 | | | | 4 | | |

197

★★★

| | | | | | | | | |
|---|---|---|---|---|---|---|---|---|
| | | | | 3 | | 8 | 7 | |
| | | | | | | 2 | 4 | |
| 6 | | | | | 9 | | | 3 |
| | | | | | 6 | 7 | | 1 |
| | | 8 | | 7 | | 3 | | |
| 4 | | 1 | 5 | | | | | |
| 8 | | | 4 | | | | | 5 |
| | 4 | 7 | | | | | | |
| | 9 | 2 | | 8 | | | | |

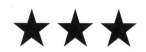

## 198

★★★

| | | | | | | | | |
|---|---|---|---|---|---|---|---|---|
| 8 | 1 | | | | | | | |
| 6 | 7 | | | 2 | 8 | | | |
| | | 2 | | | 5 | 9 | | |
| | | | 9 | | | 1 | | |
| 2 | | | | 8 | | | | 6 |
| | | 4 | | | 3 | | | |
| | | 3 | 1 | | | 6 | | |
| | | | 5 | 6 | | | 8 | 7 |
| | | | | | | | 1 | 4 |

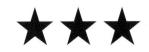

## 199

| | | | | | | | | |
|---|---|---|---|---|---|---|---|---|
| | 4 | | | | | | 6 | |
| 1 | | 5 | | 2 | | 8 | | 4 |
| 8 | | | 1 | | 4 | | | 7 |
| | | 4 | | 9 | | 2 | | |
| | | | 3 | | 5 | | | |
| | | 9 | | 6 | | 4 | | |
| 7 | | | 4 | | 9 | | | 5 |
| 9 | | 1 | | 7 | | 6 | | 2 |
| | 5 | | | | | | 3 | |

# 200

★★★

| | | | | | | | | |
|---|---|---|---|---|---|---|---|---|
| | | | 7 | | | | 3 | |
| 5 | | | | 3 | 4 | 2 | | |
| 4 | | 6 | | 2 | | | | |
| | 1 | | 9 | | | | | |
| 2 | | | | 5 | | | | 4 |
| | | | | | 3 | | 8 | |
| | | | | 4 | | 5 | | 6 |
| | | 7 | 6 | 9 | | | | 1 |
| | 9 | | | | 8 | | | |

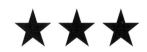

★★★

| | | | | | | | | |
|---|---|---|---|---|---|---|---|---|
| 4 | | 9 | | | | 1 | | 6 |
| 3 | | | | | | | | 2 |
| | | 6 | 5 | | 1 | 7 | | |
| | 7 | | 9 | 3 | 5 | | 1 | |
| | | | | | | | | |
| | 3 | | 8 | 4 | 2 | | 6 | |
| | | 8 | 6 | | 7 | 4 | | |
| 7 | | | | | | | | 1 |
| 9 | | 1 | | | | 2 | | 8 |

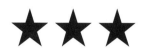

# 202

★★★

| | | | | | | | | |
|---|---|---|---|---|---|---|---|---|
| 8 | | 2 | | 9 | | 1 | | 6 |
| 6 | | | | | | | | 3 |
| | | 5 | 1 | | 6 | 8 | | |
| | | | 3 | | 8 | | | |
| 1 | | | | | | | | 7 |
| | | | 9 | | 1 | | | |
| | | 9 | 7 | | 2 | 5 | | |
| 7 | | | | | | | | 2 |
| 5 | | 3 | | 8 | | 4 | | 1 |

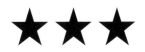

203

★★★

| | | | | | | | | |
|---|---|---|---|---|---|---|---|---|
| 7 | 4 | 6 | | 9 | | | | 5 |
| | | | | 2 | 8 | | | 7 |
| | | | 4 | | | | | 1 |
| | | 7 | | | | | 1 | |
| 3 | | 9 | | | | 2 | | 4 |
| | 8 | | | | | 7 | | |
| 9 | | | | | 3 | | | |
| 8 | | | 7 | 5 | | | | |
| 5 | | | | 1 | | 6 | 3 | 8 |

★★★

| | | | | | | | | |
|---|---|---|---|---|---|---|---|---|
| | | 7 | | | | 3 | | |
| 6 | | 8 | | | | 5 | | 7 |
| 2 | | | 4 | | 3 | | | 8 |
| | 4 | | 8 | 2 | 6 | | 1 | |
| | | | | | | | | |
| | 7 | | 5 | 1 | 9 | | 3 | |
| 3 | | | 9 | | 7 | | | 4 |
| 7 | | 4 | | | | 2 | | 5 |
| | | 6 | | | | 1 | | |

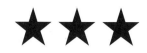

205

★★★

| | | | | | | | | |
|---|---|---|---|---|---|---|---|---|
| 1 | 2 | 9 | | 3 | | | 6 | |
| | | | | | 1 | | 7 | |
| | | | 9 | 5 | | | 8 | |
| | | 6 | | | | | | 7 |
| | 4 | 5 | | | | 2 | 1 | |
| 3 | | | | | | 9 | | |
| | 8 | | | 4 | 9 | | | |
| | 3 | | 6 | | | | | |
| | 9 | | | 7 | | 6 | 2 | 4 |

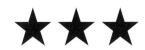

## 206

★★★

| | | | | | | | | |
|---|---|---|---|---|---|---|---|---|
| | | | | 1 | | | 2 | 3 |
| | | 9 | 2 | | 4 | | | |
| | | | 9 | | | | | 7 |
| 8 | | 6 | 5 | | | | | |
| 3 | | | | 2 | | | | 1 |
| | | | | | 9 | 8 | | 2 |
| 2 | | | | | 7 | | | |
| | | | 6 | | 2 | 5 | | |
| 7 | 4 | | | 3 | | | | |

| 1 | 9 |   |   |   |   |   | 7 | 6 |
|---|---|---|---|---|---|---|---|---|
|   |   | 2 | 6 |   | 7 | 5 |   |   |
|   |   | 4 |   |   |   | 2 |   |   |
| 3 |   |   |   | 8 |   |   |   | 4 |
|   |   | 8 | 4 |   | 9 | 1 |   |   |
| 9 |   |   |   | 1 |   |   |   | 2 |
|   |   | 3 |   |   |   | 9 |   |   |
|   |   | 6 | 7 |   | 5 | 3 |   |   |
| 5 | 7 |   |   |   |   |   | 4 | 8 |

|   |   | 5 | 9 |   | 1 | 4 |   |   |
|---|---|---|---|---|---|---|---|---|
|   |   |   |   |   |   |   |   |   |
|   | 2 | 7 |   | 3 |   | 1 | 8 |   |
| 6 |   | 3 |   |   |   | 2 |   | 1 |
| 7 | 1 |   |   |   |   |   | 4 | 9 |
| 4 |   | 2 |   |   |   | 5 |   | 8 |
|   | 3 | 6 |   | 2 |   | 9 | 5 |   |
|   |   |   |   |   |   |   |   |   |
|   |   | 1 | 8 |   | 5 | 6 |   |   |

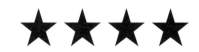

**209** ★★★★

| | | | | | | | | |
|---|---|---|---|---|---|---|---|---|
| | | 9 | | 2 | 6 | | | |
| | | | | | | 4 | | |
| | | | | | 7 | | | |
| 2 | | | | | | | 6 | 7 |
| 4 | | | | 5 | | | | 3 |
| 8 | 1 | | | | | | | 9 |
| | | | 1 | | | | | |
| | | 6 | | | | | | |
| | | | 4 | 3 | | 8 | | |

210 ★★★★

| | | | | | | | | |
|---|---|---|---|---|---|---|---|---|
| | | | | 3 | | 7 | | |
| | | | | | | 8 | 9 | |
| | | | | | 5 | 3 | | 4 |
| | 2 | | | | 7 | | 3 | 6 |
| 9 | | | 5 | | 4 | | | 8 |
| 6 | 1 | | 8 | | | | 4 | |
| 1 | | 4 | 2 | | | | | |
| | 8 | 7 | | | | | | |
| | | 6 | | 1 | | | | |

| 7 |   | 5 |   | 6 |   |   |   | 9 |
|   |   | 3 | 7 |   |   |   |   |   |
|   |   |   | 9 |   |   | 4 | 3 |   |
|   |   | 2 | 4 |   |   | 8 | 7 |   |
|   | 1 |   |   |   |   |   | 9 |   |
|   | 7 | 9 |   |   | 6 | 3 |   |   |
|   | 6 | 1 |   |   | 2 |   |   |   |
|   |   |   |   |   | 8 | 7 |   |   |
| 2 |   |   |   | 4 |   | 6 |   | 5 |

|   |   |   | 1 |   |   | 6 |   |   |
|---|---|---|---|---|---|---|---|---|
|   | 1 |   |   |   | 8 |   | 7 | 2 |
| 2 |   |   | 6 |   |   | 3 |   |   |
| 5 | 6 |   |   | 1 | 4 |   |   |   |
|   |   |   |   |   |   |   |   |   |
|   |   |   | 2 | 7 |   |   | 6 | 3 |
|   |   | 3 |   |   | 1 |   |   | 4 |
| 7 | 9 |   | 8 |   |   |   | 3 |   |
|   |   | 4 |   |   | 2 |   |   |   |

|   | 3 | 7 |   | 4 |   | 1 |   |   |
|---|---|---|---|---|---|---|---|---|
|   |   | 1 |   |   |   |   | 6 |   |
|   |   |   |   |   | 2 |   |   | 5 |
| 2 |   |   | 4 |   | 8 |   |   |   |
|   |   | 4 |   | 3 |   | 9 |   |   |
|   |   |   | 5 |   | 9 |   |   | 1 |
| 8 |   |   | 6 |   |   |   |   |   |
|   | 9 |   |   |   |   | 3 |   |   |
|   |   | 2 |   | 9 |   | 4 | 7 |   |

214 ★★★★

| | | | | | | | | |
|---|---|---|---|---|---|---|---|---|
| | | | 4 | 1 | | | | 9 |
| | 7 | 5 | 8 | | 3 | | | 1 |
| | | 4 | | | | 3 | | |
| 8 | 4 | | | | 2 | | | |
| | | 9 | | | | 2 | | |
| | | | 9 | | | | 6 | 3 |
| | | 8 | | | | 5 | | |
| 2 | | | 7 | | 6 | 9 | 4 | |
| 7 | | | | 8 | 4 | | | |

# 215

★★★★

| | | | | | | | | |
|---|---|---|---|---|---|---|---|---|
| 7 | | 9 | | 2 | | 6 | | |
| | | 8 | | | | | | 1 |
| | | | 6 | | | | 4 | |
| | | | 2 | | 5 | | 3 | |
| | | 2 | | 8 | | 1 | | |
| | 6 | | 4 | | 1 | | | |
| | 5 | | | | 7 | | | |
| 3 | | | | | | 9 | | |
| | | 7 | | 1 | | 2 | | 8 |

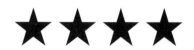

216

★★★★

| | | | | | | | | |
|---|---|---|---|---|---|---|---|---|
| 2 | | | | | 5 | | | |
| | 1 | 4 | 8 | | | | 5 | |
| 9 | | | | | 2 | 4 | | |
| | 2 | 9 | | 1 | 4 | | | |
| | | | | | | | | |
| | | | 3 | 5 | | 6 | 2 | |
| | | 3 | 5 | | | | | 9 |
| | 9 | | | | 8 | 1 | 7 | |
| | | | 4 | | | | | 3 |

## 217

★★★★

| | | | | | | | | |
|---|---|---|---|---|---|---|---|---|
| 8 | | | 2 | | | | 1 | |
| | | 4 | | | 6 | 9 | | |
| 3 | | | | | 1 | 4 | 5 | |
| | 6 | 1 | | | | | | |
| 2 | | | | | | | | 3 |
| | | | | | | 5 | 7 | |
| | 8 | 9 | 3 | | | | | 4 |
| | | 3 | 6 | | | 8 | | |
| | 2 | | | | 4 | | | 1 |

# 218

★★★★

| | | | | | | | | |
|---|---|---|---|---|---|---|---|---|
| | 7 | | 4 | | | | | |
| 4 | | | | 3 | | 2 | | 8 |
| | | 5 | | | | | | 1 |
| | | | 7 | | 8 | | 5 | |
| 8 | | | | 2 | | | | 3 |
| | 6 | | 3 | | 9 | | | |
| 2 | | | | | | 3 | | |
| 1 | | 4 | | 8 | | | | 6 |
| | | | | | 6 | | 9 | |

219

★★★★

| | | | | | | | | |
|---|---|---|---|---|---|---|---|---|
| | | 7 | | | | | 6 | 4 |
| | | | | | 3 | | | |
| | | | 9 | 7 | | | | 2 |
| 4 | | | | 6 | | | 3 | |
| | 7 | | 5 | | 1 | | 2 | |
| | 1 | | | 2 | | | | 5 |
| 8 | | | | 5 | 9 | | | |
| | | | 8 | | | | | |
| 6 | 4 | | | | | 5 | | |

**220** ★★★★

| | | | | | | | | |
|---|---|---|---|---|---|---|---|---|
| | | | 1 | | | 3 | 6 | |
| | 1 | | | | | | | |
| | | | | 3 | 2 | | 4 | |
| | | 9 | | 7 | | | | 2 |
| | | 1 | 3 | | 4 | 8 | | |
| 5 | | | | 1 | | 9 | | |
| | 6 | | 7 | 8 | | | | |
| | | | | | | | 8 | |
| | 4 | 5 | | | 6 | | | |

| 4 | 3 |   |   | 6 |   |   |   | 2 |
|---|---|---|---|---|---|---|---|---|
|   | 7 |   |   |   | 9 |   |   |   |
|   |   |   |   |   | 2 | 3 | 8 |   |
|   | 9 | 7 | 6 |   |   |   | 2 |   |
|   |   | 5 |   |   |   | 8 |   |   |
|   | 1 |   |   |   | 3 | 7 | 5 |   |
|   | 6 | 1 | 5 |   |   |   |   |   |
|   |   |   | 7 |   |   |   | 1 |   |
| 5 |   |   |   | 3 |   |   | 4 | 7 |

## 222

★★★★

| | | | | | | | | |
|---|---|---|---|---|---|---|---|---|
| | | 3 | | 8 | 9 | | | |
| | | | | | 7 | | | |
| | | | | | | 5 | | |
| 5 | 4 | | | | | | 2 | |
| | 8 | | | 1 | | | 9 | |
| | 6 | | | | | | 3 | 7 |
| | | 9 | | | | | | |
| | | | 4 | | | | | |
| | | | 5 | 2 | | 6 | | |

**223** ★★★★

| | | | | | | | | |
|---|---|---|---|---|---|---|---|---|
| | | 3 | | | 9 | | 5 | 6 |
| | | | | | 3 | 4 | | |
| | 9 | | | 2 | | | 3 | |
| | | | | | 4 | | 1 | 5 |
| | | 2 | | | | 9 | | |
| 7 | 1 | | 6 | | | | | |
| | 2 | | | 3 | | | 6 | |
| | | 6 | 8 | | | | | |
| 8 | 4 | | 5 | | | 7 | | |

| | | | | | 1 | | | 3 |
|---|---|---|---|---|---|---|---|---|
| | | 7 | | 5 | | 1 | | |
| 1 | | | | | 7 | 2 | 8 | |
| | 6 | 9 | 8 | | | | | |
| 5 | | | | | | | | 7 |
| | | | | | 3 | 9 | 2 | |
| | 4 | 3 | 2 | | | | | 6 |
| | | 5 | | 1 | | 8 | | |
| 8 | | | 4 | | | | | |

| 1 | 2 |   | 9 |   |   | 5 |   |   |
|---|---|---|---|---|---|---|---|---|
| 7 |   |   |   |   | 5 | 3 |   |   |
|   | 9 |   | 8 |   |   |   | 1 |   |
|   |   |   |   |   |   |   | 4 | 6 |
|   |   | 7 |   |   |   | 9 |   |   |
| 8 | 3 |   |   |   |   |   |   |   |
|   | 5 |   |   |   | 8 |   | 2 |   |
|   |   | 1 | 7 |   |   |   |   | 3 |
|   |   | 9 |   |   | 3 |   | 5 | 4 |

## 226

★★★★

| | | | | | | | | |
|---|---|---|---|---|---|---|---|---|
| | 2 | | | 3 | 6 | | | |
| | | | | | | | 5 | |
| | | | | | 4 | | | |
| | | 3 | | | | 4 | | 6 |
| | | 5 | | 8 | | 1 | | |
| 7 | | 9 | | | | 2 | | |
| | | | 7 | | | | | |
| | 6 | | | | | | | |
| | | | 5 | 1 | | | 9 | |

| 2 |   |   |   |   |   | 6 |   |   |
|   |   |   | 3 |   |   |   | 7 |   |
| 9 |   | 8 |   | 5 |   |   |   | 3 |
|   | 3 |   | 7 |   | 6 |   |   |   |
| 5 |   |   |   | 2 |   |   |   | 6 |
|   |   |   | 5 |   | 4 |   | 1 |   |
| 8 |   |   |   | 6 |   | 2 |   | 5 |
|   | 4 |   |   |   | 8 |   |   |   |
|   |   | 1 |   |   |   |   |   | 9 |

# 228

★★★★

| | | | | | | | | |
|---|---|---|---|---|---|---|---|---|
| 6 | | 5 | | | | | 8 | |
| | | 3 | 7 | 8 | | | | |
| | | | | | 3 | | | |
| | | 6 | | 5 | | | | 2 |
| 4 | | | 1 | | 8 | | | 9 |
| 1 | | | | 9 | | 8 | | |
| | | | 2 | | | | | |
| | | | | 4 | 7 | 9 | | |
| | 4 | | | | | 6 | | 5 |

| | | 4 | 7 | | | 1 | | 2 |
|---|---|---|---|---|---|---|---|---|
| 2 | 6 | | | 3 | | | | |
| | | | 8 | | | | 6 | 7 |
| | 2 | | | | | 9 | | 6 |
| | | | | | | | | |
| 3 | | 9 | | | | | 5 | |
| 4 | 5 | | | | 9 | | | |
| | | | | 5 | | | 4 | 3 |
| 1 | | 3 | | | 6 | 2 | | |

# 230

★★★★

| | | | | | | | | |
|---|---|---|---|---|---|---|---|---|
| 9 | | | | | | | | |
| | | | | 5 | 1 | | | 4 |
| | | | | | 7 | | | |
| | 1 | 7 | | | | 5 | | |
| | | 6 | | 3 | | 9 | | |
| | | 4 | | | | 8 | 2 | |
| | | | 2 | | | | | |
| 8 | | | 9 | 6 | | | | |
| | | | | | | | | 1 |

| | | | 1 | | | | 5 | 7 |
|---|---|---|---|---|---|---|---|---|
| 5 | | | 3 | | | | | |
| 9 | | 3 | | 2 | | 1 | | |
| 1 | 3 | | | | 2 | | | 5 |
| | 8 | | | | | | 1 | |
| 6 | | | 7 | | | | 3 | 4 |
| | | 6 | | 7 | | 9 | | 2 |
| | | | | | 4 | | | 3 |
| 8 | 2 | | | | 6 | | | |

## 232

★★★★

| | | | | | | | | |
|---|---|---|---|---|---|---|---|---|
| | | 2 | | | 7 | | | 6 |
| 1 | | | | | 4 | | | 5 |
| | | | | | | 9 | 3 | |
| | 1 | 4 | 2 | | | | | 8 |
| | | | 6 | | 1 | | | |
| 8 | | | | | 3 | 1 | 2 | |
| | 4 | 9 | | | | | | |
| 6 | | | 4 | | | | | 9 |
| 2 | | | 9 | | | 3 | | |

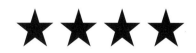

# 233

★★★★

| | | | | | | | | |
|---|---|---|---|---|---|---|---|---|
| | | | | | 3 | | | |
| | 8 | | | | | 1 | | |
| | | | 5 | 4 | 2 | | | |
| 3 | | 4 | | | | | | |
| | | 6 | | 7 | | 5 | | |
| | | | | | | 8 | | 9 |
| | | | 9 | 6 | 1 | | | |
| | | 2 | | | | | 4 | |
| | | | 8 | | | | | |

## 234

★★★★

| | | | | | | | | |
|---|---|---|---|---|---|---|---|---|
| | | | | | | 2 | | |
| | 3 | 4 | | | 5 | | | |
| | | 5 | 6 | 2 | | | | |
| 3 | | | | 8 | | | 7 | |
| | 8 | | 9 | | 4 | | 2 | |
| | 7 | | | 6 | | | | 1 |
| | | | | 9 | 1 | 4 | | |
| | | | 8 | | | 5 | 9 | |
| | | 8 | | | | | | |

| | | | | | | 2 | 6 | |
|---|---|---|---|---|---|---|---|---|
| 2 | | | 1 | | 7 | | | |
| | 5 | | | | | | 4 | 9 |
| | | 3 | | 8 | | | | |
| 7 | | | 6 | | 2 | | | 5 |
| | | | | 3 | | 8 | | |
| 9 | 6 | | | | | | 7 | |
| | | | 3 | | 4 | | | 2 |
| | 4 | 8 | | | | | | |

236 ★★★★

| | | | | | | | | |
|---|---|---|---|---|---|---|---|---|
| | | | | | | 4 | | 2 |
| 5 | | | | | 2 | | 3 | |
| | 2 | | | | 4 | | 9 | |
| 8 | | 3 | 5 | | | | 1 | |
| | | | 8 | | 9 | | | |
| | 1 | | | | 3 | 8 | | 4 |
| | 6 | | 4 | | | | 8 | |
| | 9 | | 7 | | | | | 3 |
| 2 | | 5 | | | | | | |

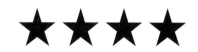

## 237

★★★★

| | | | | | | | | |
|---|---|---|---|---|---|---|---|---|
| | 8 | | | 4 | 2 | | | |
| 6 | | | 8 | | 7 | | | |
| 4 | 7 | 3 | | | | | | |
| | 5 | | | 8 | 3 | | | |
| | | 7 | | | | 9 | | |
| | | | 4 | 5 | | | 1 | |
| | | | | | | 2 | 8 | 3 |
| | | | 9 | | 1 | | | 4 |
| | | | 2 | 6 | | | 9 | |

| 4 |   | 7 |   |   | 9 |   |   |   |
|---|---|---|---|---|---|---|---|---|
| 2 |   |   | 1 | 7 |   |   |   |   |
|   |   |   |   |   |   |   |   | 9 |
|   |   | 5 |   | 9 |   |   | 8 |   |
|   |   | 3 | 2 |   | 7 | 9 |   |   |
|   | 1 |   |   | 6 |   | 5 |   |   |
| 3 |   |   |   |   |   |   |   |   |
|   |   |   |   | 3 | 6 |   |   | 4 |
|   |   |   | 4 |   |   | 8 |   | 2 |

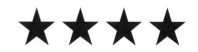

239 ★★★★

| | | | | | | | | |
|---|---|---|---|---|---|---|---|---|
| | | 9 | | | | | 4 | 7 |
| | | | | | 2 | | | |
| | | | 3 | 9 | | | | 2 |
| 9 | | | | 6 | | | 1 | |
| | 6 | | 1 | | 9 | | 5 | |
| | 8 | | | 7 | | | | 4 |
| 6 | | | | 5 | 3 | | | |
| | | | 8 | | | | | |
| 4 | 7 | | | | | 5 | | |

# 240

★★★★

| | | | | | | | | |
|---|---|---|---|---|---|---|---|---|
| | 5 | | | 6 | | 3 | | |
| 9 | | | | | 1 | | 2 | 6 |
| | | | | | 7 | | 4 | |
| | | | | | 3 | 4 | 8 | |
| 6 | | | | | | | | 5 |
| | 9 | 5 | 2 | | | | | |
| | 3 | | 8 | | | | | |
| 5 | 8 | | 1 | | | | | 3 |
| | | 2 | | 9 | | | 7 | |

| | | 6 | 1 | | | 4 | 7 | |
|---|---|---|---|---|---|---|---|---|
| | 5 | | | | 2 | | | 6 |
| | | | | | 9 | | | 5 |
| | 6 | 8 | 9 | 7 | | | | |
| | | | | | | | | |
| | | | | 2 | 5 | 8 | 3 | |
| 8 | | | 2 | | | | | |
| 6 | | | 8 | | | | 9 | |
| | 9 | 7 | | | 1 | 2 | | |

| | | | | | | 9 | 8 | |
| 4 | | | | | 2 | | | 7 |
| | 3 | | | | 5 | | | 1 |
| | 2 | 4 | 3 | | | | | 6 |
| | | | 1 | | 4 | | | |
| 6 | | | | | 9 | 3 | 4 | |
| 3 | | | 8 | | | | 9 | |
| 1 | | | 2 | | | | | 8 |
| | 8 | 2 | | | | | | |

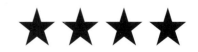

**243** ★★★★

| | | | | | | | | |
|---|---|---|---|---|---|---|---|---|
| | | | 4 | | | | | |
| | | 3 | | | | | | |
| | | | 8 | 2 | | 5 | | |
| | 6 | | | | | | 1 | 3 |
| | 8 | | | 9 | | | 2 | |
| 4 | 5 | | | | | | 7 | |
| | | 7 | | 6 | 3 | | | |
| | | | | | | 8 | | |
| | | | | | 1 | | | |

| | 6 | | | 9 | | | | 4 |
|---|---|---|---|---|---|---|---|---|
| | 7 | 1 | | | | | 5 | |
| | | 4 | 8 | | | | | |
| 2 | | | | 1 | | | | 3 |
| | | | 3 | | 8 | | | |
| 5 | | | | 4 | | | | 7 |
| | | | | | 3 | 8 | | |
| | 9 | | | | | 7 | 1 | |
| 4 | | | | 5 | | | 6 | |

## 245

★★★★

| | | | | | | | | |
|---|---|---|---|---|---|---|---|---|
| | | 3 | | | 6 | | | |
| 1 | | | | 5 | | | 3 | |
| 7 | | 9 | | | | | | 8 |
| | 8 | | | 3 | | | 7 | |
| | | | 6 | | 4 | | | |
| | 2 | | | 9 | | | 4 | |
| 5 | | | | | | 7 | | 9 |
| | 3 | | | 8 | | | | 1 |
| | | | 4 | | | 6 | | |

**246** ★★★★

| | | | | | | | | |
|---|---|---|---|---|---|---|---|---|
| | | | | | 1 | 3 | | |
| | | 4 | | 5 | | | | 9 |
| | 3 | | | | 2 | 1 | 8 | |
| | | | | | 9 | 5 | | 8 |
| | 8 | | | | | | 7 | |
| 6 | | 1 | 3 | | | | | |
| | 7 | 9 | 2 | | | | 5 | |
| 3 | | | | 7 | | 8 | | |
| | | 6 | 4 | | | | | |

| 9 |   | 7 |   | 8 |   |   |   | 3 |
|---|---|---|---|---|---|---|---|---|
|   |   |   | 5 |   |   |   | 2 |   |
| 3 |   |   |   |   |   | 1 |   |   |
|   | 5 |   | 4 |   | 8 |   |   |   |
| 8 |   |   |   | 7 |   |   |   | 6 |
|   |   |   | 6 |   | 2 |   | 3 |   |
|   |   | 6 |   |   |   |   |   | 7 |
|   | 4 |   |   |   | 1 |   |   |   |
| 5 |   |   |   | 6 |   | 9 |   | 8 |

| 8 |   | 5 |   |   |   |   |   |   |
|---|---|---|---|---|---|---|---|---|
|   |   |   | 7 |   | 4 |   | 5 |   |
| 1 | 2 |   |   |   |   |   |   | 9 |
|   |   | 3 |   | 6 |   |   |   |   |
|   | 9 |   | 8 |   | 5 |   | 4 |   |
|   |   |   |   | 3 |   | 6 |   |   |
| 4 |   |   |   |   |   |   | 2 | 8 |
|   | 5 |   | 6 |   | 1 |   |   |   |
|   |   |   |   |   |   | 3 |   | 1 |

| 4 |   |   |   |   | 6 |   |   |   |
|---|---|---|---|---|---|---|---|---|
|   |   | 9 |   | 7 |   |   |   | 2 |
| 8 | 7 |   |   |   | 3 |   | 5 |   |
|   |   |   | 8 |   |   | 2 |   | 5 |
|   | 2 |   |   |   |   |   | 7 |   |
| 1 |   | 4 |   |   | 9 |   |   |   |
|   | 9 |   | 3 |   |   |   | 2 | 1 |
| 6 |   |   |   | 5 |   | 8 |   |   |
|   |   |   | 1 |   |   |   |   | 9 |

★★★★

# 250

| | | | | | | | | |
|---|---|---|---|---|---|---|---|---|
| | | 3 | | | | | | |
| | | | | 9 | 1 | 6 | | |
| | | | 3 | | | 2 | | 9 |
| 4 | | | | 7 | | | 1 | |
| 3 | | | 9 | | 6 | | | 5 |
| | 8 | | | 3 | | | | 4 |
| 8 | | 6 | | | 2 | | | |
| | | 2 | 7 | 5 | | | | |
| | | | | | | 5 | | |

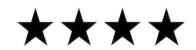

## 251

★★★★

| | | | | | | | | |
|---|---|---|---|---|---|---|---|---|
| | 3 | 4 | 9 | | 7 | | | 6 |
| | | | 8 | 6 | | | | 1 |
| | 8 | | | | | | 7 | |
| 9 | | 8 | | | 2 | | | |
| | 1 | | | | | | 2 | |
| | | | 1 | | | 5 | | 7 |
| | 9 | | | | | | 3 | |
| 4 | | | | 9 | 8 | | | |
| 2 | | | 4 | | 5 | 8 | 1 | |

**252** ★★★★

| | | | | | | | | |
|---|---|---|---|---|---|---|---|---|
| | 6 | | | | | | | 9 |
| | | | | | 5 | 2 | | |
| 7 | 4 | | | 3 | | | 5 | |
| | | 5 | 9 | | 2 | | | |
| | 3 | | | 6 | | | 9 | |
| | | | 8 | | 3 | 1 | | |
| | 7 | | | 9 | | | 3 | 6 |
| | | 8 | 7 | | | | | |
| 1 | | | | | | | 4 | |

# 253

★★★★

| | | | | | | | | |
|---|---|---|---|---|---|---|---|---|
| | | | | | 2 | | | |
| | | | | | | 6 | | |
| | | 1 | | 7 | 5 | | | |
| | 4 | | | | | | 1 | 2 |
| | 7 | | | 9 | | | 5 | |
| 6 | 3 | | | | | | 8 | |
| | | | 6 | 8 | | 4 | | |
| | | 5 | | | | | | |
| | | | 3 | | | | | |

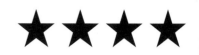

## 254

★★★★

| | | | | | | | | |
|---|---|---|---|---|---|---|---|---|
| | | 9 | 4 | | 1 | | | |
| | 7 | | | | | 8 | 6 | |
| | | | | | | | 2 | 9 |
| 5 | | | | 3 | | | | |
| | | 4 | 9 | | 2 | 7 | | |
| | | | | 5 | | | | 3 |
| 3 | 6 | | | | | | | |
| | 2 | 8 | | | | | 4 | |
| | | | 6 | | 5 | 9 | | |

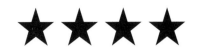

255

★★★★

| | | | | | | | | |
|---|---|---|---|---|---|---|---|---|
| 6 | | 3 | | | | 7 | | |
| 9 | | | | | 1 | | | |
| | | 5 | | 8 | | | 2 | |
| | 6 | | | 2 | | | 8 | |
| | | | 1 | | 9 | | | |
| | 1 | | | 3 | | | 4 | |
| | 2 | | | 7 | | 5 | | |
| | | | 9 | | | | | 2 |
| | | 8 | | | | 6 | | 3 |

**256** ★★★★

| | | | | | | | | |
|---|---|---|---|---|---|---|---|---|
| 3 | | | 6 | | 2 | | | |
| | | 2 | | 9 | 8 | | | |
| 5 | 8 | 7 | | | | | | |
| | | | 5 | 7 | | 4 | | |
| | 2 | | | | | | 1 | |
| | | 6 | | 4 | 3 | | | |
| | | | | | | 1 | 5 | 3 |
| | | | 8 | 3 | | 7 | | |
| | | | 1 | | 7 | | | 9 |

# 257

★★★★

| | | | | | | | | |
|---|---|---|---|---|---|---|---|---|
| | | | 8 | | 9 | | | 5 |
| | | | | | | 9 | 7 | 6 |
| | | | | 6 | 2 | 8 | | |
| | | | | 8 | 7 | 1 | | |
| | 3 | | | | | | 9 | |
| | | 4 | 6 | 1 | | | | |
| | | 3 | 2 | 5 | | | | |
| 7 | 2 | 8 | | | | | | |
| 6 | | | 3 | | 4 | | | |

| | 2 | | | 8 | | 4 | | 3 |
|---|---|---|---|---|---|---|---|---|
| | 6 | | | | 7 | | | |
| | | | | | | 1 | | |
| | | | 8 | | 5 | | 2 | |
| | | 4 | | 1 | | 8 | | |
| | 9 | | 6 | | 4 | | | |
| | | 2 | | | | | | |
| | | | 9 | | | | 5 | |
| 1 | | 3 | | 4 | | | 9 | |

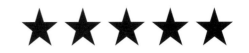

259 ★★★★★

| | | | | | | | | |
|---|---|---|---|---|---|---|---|---|
| | | | | | | | | 7 |
| | | | | 9 | | | 5 | 6 |
| | | 8 | 1 | | | | | |
| | | 2 | 6 | | 8 | | | |
| 6 | | | | 7 | | | | 9 |
| | | | 4 | | 9 | 3 | | |
| | | | | | 2 | 4 | | |
| 5 | 7 | | | 6 | | | | |
| 3 | | | | | | | | |

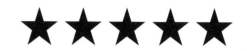

260 ★★★★★

| | | | | | | | | |
|---|---|---|---|---|---|---|---|---|
| 6 | 3 | | | 7 | | | | |
| | | 7 | | | 2 | 8 | | |
| 5 | | | | | | | | |
| | | 2 | | | 1 | | | |
| 7 | | 9 | | 3 | | 6 | | 4 |
| | | | 8 | | | 5 | | |
| | | | | | | | | 3 |
| | | 1 | 9 | | | 4 | | |
| | | | | 4 | | | 6 | 7 |

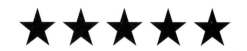

261

★★★★★

| | | | | | | | | |
|---|---|---|---|---|---|---|---|---|
| | | | | | 3 | | 7 | |
| | | 4 | | | | | | |
| 6 | | 2 | | 5 | | | | |
| | 3 | | 8 | | 7 | | | |
| | | 5 | | 4 | | 8 | | |
| | | | 1 | | 5 | | 9 | |
| | | | | 8 | | 5 | | 4 |
| | | | | | | 2 | | |
| | 1 | | 6 | | | | | |

**262** ★★★★★

| | | | | | | | | |
|---|---|---|---|---|---|---|---|---|
| | 1 | | | 9 | | | | 8 |
| 2 | | 4 | | | | | | |
| | | | | | | | 5 | |
| | 5 | 1 | | | 4 | | | |
| | 8 | | | | | | 6 | |
| | | | 3 | | | 2 | 9 | |
| | 7 | | | | | | | |
| | | | | | | 3 | | 2 |
| 6 | | | | 5 | | | 7 | |

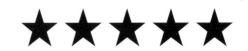

263

★★★★★

| | | | | | | | | |
|---|---|---|---|---|---|---|---|---|
| 5 | 3 | | | 9 | | | | |
| 6 | 1 | | | | | | | 8 |
| | | | | | 6 | 4 | | |
| | | | 4 | | | 1 | | |
| | 9 | | | 5 | | | 2 | |
| | | 6 | | | 7 | | | |
| | | 7 | 8 | | | | | |
| 2 | | | | | | | 5 | 6 |
| | | | | 2 | | | 9 | 3 |

| | | | | 1 | | 2 | | 4 |
|---|---|---|---|---|---|---|---|---|
| | 2 | | | | | | | 8 |
| | 3 | 4 | | | 5 | | | |
| | 7 | | 3 | | | | | |
| 4 | | 9 | | 8 | | 3 | | 1 |
| | | | | | 9 | | 6 | |
| | | | 7 | | | 8 | 9 | |
| 6 | | | | | | | 4 | |
| 2 | | 8 | | 4 | | | | |

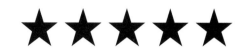

## 265

★★★★★

| | | | | | | | | |
|---|---|---|---|---|---|---|---|---|
| | | | | | 9 | | 7 | |
| 3 | | 1 | | 2 | | | | |
| 6 | | | | | | | | |
| | | | 7 | | 4 | | 6 | |
| 2 | | | | 1 | | | | 4 |
| | 9 | | 2 | | 5 | | | |
| | | | | | | | | 1 |
| | | | | 4 | | 3 | | 2 |
| | 5 | | 8 | | | | | |

266

| | | | | | | | 7 | |
|---|---|---|---|---|---|---|---|---|
| | 5 | | | | 9 | 4 | | |
| 3 | | | 8 | | 2 | | | |
| | | 7 | | | | 2 | | |
| | 4 | | | 5 | | | 9 | |
| | | 6 | | | | 1 | | |
| | | | 1 | | 3 | | | 5 |
| | | 2 | 6 | | | | 8 | |
| | 9 | | | | | | | |

# 267

★★★★★

| | | | | | | | | |
|---|---|---|---|---|---|---|---|---|
| 3 | | 5 | | 7 | | | | |
| | | | 4 | 2 | | | 6 | |
| | | 9 | | | | | | |
| | | | | | 1 | | 2 | |
| | 3 | 7 | | 9 | | 8 | 4 | |
| | 4 | | 6 | | | | | |
| | | | | | | 5 | | |
| | 1 | | | 5 | 3 | | | |
| | | | | 8 | | 7 | | 9 |

268 ★★★★★

| | | | | | | | | |
|---|---|---|---|---|---|---|---|---|
| | 8 | | 2 | | 6 | | | |
| | 9 | | | | | 2 | 1 | |
| | | 2 | | | 3 | | | 7 |
| | 5 | | | | | | | |
| | 2 | | 8 | 3 | 4 | | 6 | |
| | | | | | | | 4 | |
| 9 | | | 6 | | | 5 | | |
| | 6 | 7 | | | | | 2 | |
| | | | 1 | | 9 | | 8 | |

|   | 5 |   |   | 1 |   |   |   | 4 |
|---|---|---|---|---|---|---|---|---|
|   |   | 2 |   |   |   |   |   |   |
| 1 |   |   | 7 |   | 6 |   | 9 |   |
|   |   | 1 |   | 6 | 3 |   | 4 | 7 |
|   |   |   |   |   |   |   |   |   |
| 4 | 7 |   | 1 | 5 |   | 3 |   |   |
|   | 8 |   | 4 |   | 9 |   |   | 1 |
|   |   |   |   |   |   | 2 |   |   |
| 3 |   |   |   | 8 |   |   | 7 |   |

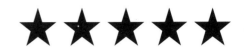

270 ★★★★★

| | | | | | | | | |
|---|---|---|---|---|---|---|---|---|
| | 6 | | | 9 | 4 | | | |
| | | | | | | | | 7 |
| | | | | 1 | | 5 | | 8 |
| | | | | | 6 | | 4 | |
| 2 | 4 | | | 7 | | | 5 | 1 |
| | 9 | | 3 | | | | | |
| 1 | | 7 | | 2 | | | | |
| 8 | | | | | | | | |
| | | | 5 | 8 | | | 3 | |

|   |   |   | 2 |   |   | 9 | 6 |   |
|---|---|---|---|---|---|---|---|---|
|   |   |   |   | 1 |   |   | 7 |   |
|   |   |   |   |   | 8 |   | 2 | 4 |
|   |   |   |   | 6 | 3 | 5 |   | 1 |
| 3 |   |   |   |   |   |   |   | 8 |
| 5 |   | 4 | 9 | 7 |   |   |   |   |
| 6 | 5 |   | 4 |   |   |   |   |   |
|   | 7 |   |   | 2 |   |   |   |   |
|   | 2 | 3 |   |   | 5 |   |   |   |

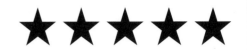

**272** ★★★★★

| | | | | | | | | |
|---|---|---|---|---|---|---|---|---|
| | | | 1 | | 8 | | | 4 |
| 5 | | 1 | | | | | | 3 |
| | 7 | | | | 9 | 1 | | |
| | | | | | | | | 2 |
| 8 | | | 4 | 9 | 6 | | | 1 |
| 6 | | | | | | | | |
| | | 2 | 8 | | | | 3 | |
| 1 | | | | | | 7 | | 8 |
| 4 | | | 5 | | 3 | | | |

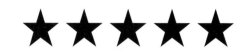

273

★★★★★

| | | | | | | | | |
|---|---|---|---|---|---|---|---|---|
| | | | | 4 | | | 6 | 3 |
| | | | | | | | | 7 |
| | | 8 | 1 | | | | | |
| | | 5 | 3 | | 8 | | | |
| 3 | | | | 7 | | | | 4 |
| | | | 9 | | 4 | 2 | | |
| | | | | | 5 | 9 | | |
| 2 | | | | | | | | |
| 6 | 7 | | | 3 | | | | |

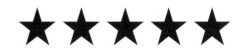

## 274

★★★★★

| | | | | | | | | |
|---|---|---|---|---|---|---|---|---|
| | | 1 | | | | 4 | | 2 |
| | 9 | | 3 | | | | | |
| | | | | 1 | | 6 | | 7 |
| | 4 | | | | 9 | | | |
| 7 | | | | 2 | | | | 1 |
| | | | 5 | | | | 8 | |
| 6 | | 2 | | 7 | | | | |
| | | | | | 4 | | 5 | |
| 8 | | 4 | | | | 3 | | |

**275** ★★★★★

| | | | | | | | | |
|---|---|---|---|---|---|---|---|---|
| | | | | | 5 | | 6 | |
| 1 | | | | 4 | 3 | 2 | | |
| | | 8 | | | | | 5 | |
| | | | | | 6 | | | |
| | | 3 | | | | 1 | | |
| | | | 9 | | | | | |
| | 5 | | | | | 4 | | |
| | | 7 | 1 | 8 | | | | 2 |
| | 9 | | 7 | | | | | |

|   |   |   |   | 6 |   |   | 9 | 4 |
|---|---|---|---|---|---|---|---|---|
|   |   |   |   |   |   |   |   | 1 |
|   |   | 3 |   |   | 7 |   |   |   |
|   |   | 2 | 5 |   | 6 |   |   |   |
| 8 |   |   |   | 1 |   |   |   | 6 |
|   |   |   | 8 |   | 3 | 7 |   |   |
|   |   |   | 9 |   |   | 5 |   |   |
| 4 |   |   |   |   |   |   |   |   |
| 6 | 1 |   |   | 8 |   |   |   |   |

# 277

★★★★★

| | | | | | | | | |
|---|---|---|---|---|---|---|---|---|
| | 3 | | | | | | | |
| | | 6 | | 7 | | | | 2 |
| | | | 9 | | 5 | 1 | | |
| | 5 | 8 | | | | | 6 | |
| | | | | 3 | | | | |
| | 4 | | | | | 7 | 9 | |
| | | 9 | 2 | | 8 | | | |
| 7 | | | | 1 | | 3 | | |
| | | | | | | | 4 | |

|   | 2 |   |   |   | 7 |   |   |   |
|---|---|---|---|---|---|---|---|---|
| 9 |   |   |   |   |   |   | 4 |   |
|   |   |   |   | 8 |   |   | 1 |   |
| 8 |   |   |   |   |   |   |   | 7 |
|   |   | 5 |   | 4 |   | 9 |   |   |
| 3 |   |   |   |   |   |   |   | 2 |
|   | 1 |   |   | 5 |   |   |   |   |
|   | 7 |   |   |   |   |   |   | 6 |
|   |   |   | 9 |   |   |   | 3 |   |

# Solutions

## 1

| 6 | 4 | 1 | 9 | 3 | 7 | 2 | 5 | 8 |
| 5 | 2 | 3 | 6 | 8 | 4 | 1 | 9 | 7 |
| 9 | 8 | 7 | 1 | 5 | 2 | 4 | 6 | 3 |
| 2 | 3 | 9 | 5 | 1 | 6 | 8 | 7 | 4 |
| 4 | 1 | 6 | 7 | 9 | 8 | 3 | 2 | 5 |
| 7 | 5 | 8 | 2 | 4 | 3 | 9 | 1 | 6 |
| 8 | 6 | 2 | 4 | 7 | 9 | 5 | 3 | 1 |
| 1 | 7 | 4 | 3 | 2 | 5 | 6 | 8 | 9 |
| 3 | 9 | 5 | 8 | 6 | 1 | 7 | 4 | 2 |

## 2

| 8 | 3 | 9 | 1 | 6 | 2 | 5 | 4 | 7 |
| 1 | 5 | 6 | 7 | 8 | 4 | 3 | 9 | 2 |
| 4 | 7 | 2 | 9 | 3 | 5 | 1 | 6 | 8 |
| 7 | 1 | 4 | 6 | 2 | 8 | 9 | 3 | 5 |
| 2 | 9 | 3 | 4 | 5 | 1 | 7 | 8 | 6 |
| 5 | 6 | 8 | 3 | 9 | 7 | 4 | 2 | 1 |
| 3 | 2 | 5 | 8 | 7 | 9 | 6 | 1 | 4 |
| 6 | 8 | 1 | 5 | 4 | 3 | 2 | 7 | 9 |
| 9 | 4 | 7 | 2 | 1 | 6 | 8 | 5 | 3 |

## 3

| 8 | 4 | 5 | 7 | 3 | 2 | 1 | 9 | 6 |
| 3 | 2 | 9 | 6 | 4 | 1 | 8 | 7 | 5 |
| 6 | 1 | 7 | 5 | 9 | 8 | 4 | 3 | 2 |
| 5 | 6 | 3 | 1 | 2 | 9 | 7 | 8 | 4 |
| 4 | 9 | 1 | 8 | 7 | 5 | 2 | 6 | 3 |
| 7 | 8 | 2 | 3 | 6 | 4 | 5 | 1 | 9 |
| 9 | 7 | 4 | 2 | 8 | 3 | 6 | 5 | 1 |
| 2 | 5 | 8 | 9 | 1 | 6 | 3 | 4 | 7 |
| 1 | 3 | 6 | 4 | 5 | 7 | 9 | 2 | 8 |

## 4

| 7 | 5 | 4 | 1 | 2 | 3 | 9 | 6 | 8 |
| 9 | 6 | 1 | 5 | 7 | 8 | 3 | 2 | 4 |
| 2 | 3 | 8 | 9 | 6 | 4 | 7 | 5 | 1 |
| 8 | 2 | 3 | 7 | 5 | 6 | 4 | 1 | 9 |
| 4 | 7 | 9 | 8 | 1 | 2 | 5 | 3 | 6 |
| 5 | 1 | 6 | 4 | 3 | 9 | 8 | 7 | 2 |
| 3 | 9 | 2 | 6 | 4 | 5 | 1 | 8 | 7 |
| 1 | 4 | 5 | 2 | 8 | 7 | 6 | 9 | 3 |
| 6 | 8 | 7 | 3 | 9 | 1 | 2 | 4 | 5 |

# Solutions

## 5

| 7 | 2 | 1 | 6 | 4 | 9 | 3 | 8 | 5 |
|---|---|---|---|---|---|---|---|---|
| 6 | 9 | 8 | 1 | 5 | 3 | 4 | 2 | 7 |
| 4 | 5 | 3 | 8 | 7 | 2 | 6 | 9 | 1 |
| 3 | 1 | 5 | 4 | 9 | 8 | 7 | 6 | 2 |
| 2 | 6 | 7 | 3 | 1 | 5 | 9 | 4 | 8 |
| 8 | 4 | 9 | 2 | 6 | 7 | 5 | 1 | 3 |
| 1 | 3 | 4 | 7 | 2 | 6 | 8 | 5 | 9 |
| 5 | 7 | 6 | 9 | 8 | 1 | 2 | 3 | 4 |
| 9 | 8 | 2 | 5 | 3 | 4 | 1 | 7 | 6 |

## 6

| 6 | 8 | 9 | 3 | 5 | 1 | 2 | 4 | 7 |
|---|---|---|---|---|---|---|---|---|
| 7 | 3 | 2 | 8 | 4 | 9 | 5 | 1 | 6 |
| 5 | 1 | 4 | 2 | 6 | 7 | 3 | 8 | 9 |
| 2 | 9 | 1 | 5 | 7 | 4 | 6 | 3 | 8 |
| 3 | 5 | 6 | 1 | 2 | 8 | 7 | 9 | 4 |
| 8 | 4 | 7 | 6 | 9 | 3 | 1 | 2 | 5 |
| 9 | 7 | 5 | 4 | 1 | 2 | 8 | 6 | 3 |
| 1 | 6 | 8 | 9 | 3 | 5 | 4 | 7 | 2 |
| 4 | 2 | 3 | 7 | 8 | 6 | 9 | 5 | 1 |

## 7

| 8 | 2 | 6 | 1 | 5 | 7 | 4 | 9 | 3 |
|---|---|---|---|---|---|---|---|---|
| 1 | 9 | 5 | 2 | 3 | 4 | 7 | 8 | 6 |
| 3 | 4 | 7 | 6 | 8 | 9 | 5 | 2 | 1 |
| 6 | 7 | 9 | 8 | 4 | 3 | 1 | 5 | 2 |
| 2 | 1 | 4 | 9 | 6 | 5 | 3 | 7 | 8 |
| 5 | 8 | 3 | 7 | 1 | 2 | 6 | 4 | 9 |
| 4 | 5 | 8 | 3 | 2 | 6 | 9 | 1 | 7 |
| 9 | 6 | 1 | 5 | 7 | 8 | 2 | 3 | 4 |
| 7 | 3 | 2 | 4 | 9 | 1 | 8 | 6 | 5 |

## 8

| 6 | 4 | 5 | 2 | 8 | 7 | 9 | 3 | 1 |
|---|---|---|---|---|---|---|---|---|
| 7 | 8 | 3 | 4 | 9 | 1 | 2 | 6 | 5 |
| 2 | 9 | 1 | 3 | 6 | 5 | 7 | 8 | 4 |
| 3 | 1 | 9 | 6 | 7 | 4 | 8 | 5 | 2 |
| 8 | 2 | 4 | 9 | 5 | 3 | 1 | 7 | 6 |
| 5 | 7 | 6 | 1 | 2 | 8 | 3 | 4 | 9 |
| 4 | 5 | 8 | 7 | 1 | 2 | 6 | 9 | 3 |
| 1 | 6 | 7 | 5 | 3 | 9 | 4 | 2 | 8 |
| 9 | 3 | 2 | 8 | 4 | 6 | 5 | 1 | 7 |

# Solutions

## 9

| 8 | 5 | 3 | 4 | 9 | 1 | 2 | 7 | 6 |
| 9 | 1 | 6 | 7 | 2 | 3 | 4 | 8 | 5 |
| 2 | 7 | 4 | 8 | 6 | 5 | 9 | 1 | 3 |
| 4 | 2 | 7 | 6 | 3 | 9 | 1 | 5 | 8 |
| 1 | 3 | 8 | 2 | 5 | 4 | 6 | 9 | 7 |
| 6 | 9 | 5 | 1 | 7 | 8 | 3 | 2 | 4 |
| 5 | 8 | 1 | 9 | 4 | 6 | 7 | 3 | 2 |
| 3 | 4 | 2 | 5 | 1 | 7 | 8 | 6 | 9 |
| 7 | 6 | 9 | 3 | 8 | 2 | 5 | 4 | 1 |

## 10

| 4 | 2 | 1 | 7 | 8 | 5 | 6 | 9 | 3 |
| 8 | 9 | 3 | 4 | 2 | 6 | 5 | 1 | 7 |
| 6 | 5 | 7 | 9 | 1 | 3 | 2 | 8 | 4 |
| 5 | 3 | 9 | 6 | 7 | 2 | 1 | 4 | 8 |
| 1 | 8 | 6 | 5 | 9 | 4 | 3 | 7 | 2 |
| 2 | 7 | 4 | 1 | 3 | 8 | 9 | 6 | 5 |
| 3 | 4 | 5 | 8 | 6 | 1 | 7 | 2 | 9 |
| 7 | 1 | 2 | 3 | 4 | 9 | 8 | 5 | 6 |
| 9 | 6 | 8 | 2 | 5 | 7 | 4 | 3 | 1 |

## 11

| 9 | 6 | 7 | 4 | 1 | 2 | 5 | 8 | 3 |
| 2 | 8 | 5 | 9 | 7 | 3 | 6 | 4 | 1 |
| 1 | 3 | 4 | 6 | 5 | 8 | 2 | 9 | 7 |
| 7 | 1 | 9 | 8 | 2 | 6 | 4 | 3 | 5 |
| 6 | 4 | 2 | 5 | 3 | 7 | 9 | 1 | 8 |
| 3 | 5 | 8 | 1 | 9 | 4 | 7 | 2 | 6 |
| 5 | 2 | 1 | 7 | 8 | 9 | 3 | 6 | 4 |
| 4 | 7 | 3 | 2 | 6 | 1 | 8 | 5 | 9 |
| 8 | 9 | 6 | 3 | 4 | 5 | 1 | 7 | 2 |

## 12

| 1 | 9 | 3 | 2 | 4 | 8 | 6 | 7 | 5 |
| 4 | 7 | 8 | 6 | 3 | 5 | 1 | 2 | 9 |
| 2 | 5 | 6 | 7 | 1 | 9 | 4 | 3 | 8 |
| 6 | 4 | 9 | 5 | 8 | 3 | 2 | 1 | 7 |
| 7 | 8 | 1 | 9 | 2 | 4 | 5 | 6 | 3 |
| 5 | 3 | 2 | 1 | 7 | 6 | 9 | 8 | 4 |
| 8 | 1 | 7 | 4 | 5 | 2 | 3 | 9 | 6 |
| 3 | 6 | 5 | 8 | 9 | 1 | 7 | 4 | 2 |
| 9 | 2 | 4 | 3 | 6 | 7 | 8 | 5 | 1 |

# Solutions

## 13

| 7 | 3 | 9 | 5 | 8 | 2 | 1 | 6 | 4 |
|---|---|---|---|---|---|---|---|---|
| 5 | 4 | 1 | 9 | 3 | 6 | 8 | 7 | 2 |
| 6 | 8 | 2 | 4 | 1 | 7 | 9 | 5 | 3 |
| 2 | 6 | 8 | 3 | 9 | 1 | 5 | 4 | 7 |
| 4 | 7 | 3 | 6 | 5 | 8 | 2 | 1 | 9 |
| 1 | 9 | 5 | 7 | 2 | 4 | 3 | 8 | 6 |
| 8 | 2 | 4 | 1 | 7 | 9 | 6 | 3 | 5 |
| 9 | 5 | 7 | 8 | 6 | 3 | 4 | 2 | 1 |
| 3 | 1 | 6 | 2 | 4 | 5 | 7 | 9 | 8 |

## 14

| 4 | 2 | 3 | 6 | 1 | 8 | 5 | 9 | 7 |
|---|---|---|---|---|---|---|---|---|
| 6 | 1 | 7 | 3 | 5 | 9 | 2 | 8 | 4 |
| 5 | 9 | 8 | 4 | 2 | 7 | 6 | 3 | 1 |
| 2 | 5 | 6 | 9 | 3 | 1 | 7 | 4 | 8 |
| 3 | 7 | 9 | 5 | 8 | 4 | 1 | 6 | 2 |
| 1 | 8 | 4 | 7 | 6 | 2 | 3 | 5 | 9 |
| 7 | 6 | 1 | 8 | 9 | 5 | 4 | 2 | 3 |
| 8 | 4 | 5 | 2 | 7 | 3 | 9 | 1 | 6 |
| 9 | 3 | 2 | 1 | 4 | 6 | 8 | 7 | 5 |

## 15

| 4 | 3 | 1 | 2 | 5 | 6 | 7 | 9 | 8 |
|---|---|---|---|---|---|---|---|---|
| 2 | 6 | 9 | 1 | 8 | 7 | 3 | 4 | 5 |
| 7 | 5 | 8 | 9 | 4 | 3 | 2 | 1 | 6 |
| 8 | 7 | 2 | 4 | 6 | 5 | 1 | 3 | 9 |
| 1 | 4 | 6 | 8 | 3 | 9 | 5 | 7 | 2 |
| 3 | 9 | 5 | 7 | 1 | 2 | 8 | 6 | 4 |
| 5 | 2 | 3 | 6 | 7 | 4 | 9 | 8 | 1 |
| 6 | 1 | 7 | 5 | 9 | 8 | 4 | 2 | 3 |
| 9 | 8 | 4 | 3 | 2 | 1 | 6 | 5 | 7 |

## 16

| 9 | 2 | 7 | 5 | 8 | 3 | 6 | 1 | 4 |
|---|---|---|---|---|---|---|---|---|
| 1 | 3 | 6 | 4 | 9 | 7 | 2 | 8 | 5 |
| 5 | 4 | 8 | 2 | 1 | 6 | 9 | 7 | 3 |
| 4 | 6 | 9 | 1 | 7 | 2 | 5 | 3 | 8 |
| 2 | 5 | 3 | 6 | 4 | 8 | 1 | 9 | 7 |
| 8 | 7 | 1 | 9 | 3 | 5 | 4 | 2 | 6 |
| 7 | 9 | 2 | 8 | 5 | 4 | 3 | 6 | 1 |
| 3 | 1 | 5 | 7 | 6 | 9 | 8 | 4 | 2 |
| 6 | 8 | 4 | 3 | 2 | 1 | 7 | 5 | 9 |

# Solutions

### 17

| 6 | 8 | 3 | 5 | 1 | 7 | 4 | 9 | 2 |
|---|---|---|---|---|---|---|---|---|
| 1 | 4 | 7 | 9 | 3 | 2 | 5 | 6 | 8 |
| 5 | 2 | 9 | 6 | 8 | 4 | 7 | 1 | 3 |
| 9 | 1 | 8 | 4 | 6 | 5 | 2 | 3 | 7 |
| 4 | 3 | 6 | 7 | 2 | 1 | 9 | 8 | 5 |
| 2 | 7 | 5 | 8 | 9 | 3 | 6 | 4 | 1 |
| 7 | 6 | 1 | 3 | 5 | 9 | 8 | 2 | 4 |
| 8 | 5 | 2 | 1 | 4 | 6 | 3 | 7 | 9 |
| 3 | 9 | 4 | 2 | 7 | 8 | 1 | 5 | 6 |

### 18

| 2 | 5 | 6 | 9 | 3 | 7 | 4 | 8 | 1 |
|---|---|---|---|---|---|---|---|---|
| 7 | 4 | 9 | 1 | 2 | 8 | 5 | 6 | 3 |
| 8 | 3 | 1 | 6 | 4 | 5 | 2 | 7 | 9 |
| 3 | 2 | 5 | 7 | 1 | 4 | 8 | 9 | 6 |
| 9 | 7 | 8 | 3 | 5 | 6 | 1 | 4 | 2 |
| 6 | 1 | 4 | 8 | 9 | 2 | 7 | 3 | 5 |
| 1 | 9 | 7 | 2 | 8 | 3 | 6 | 5 | 4 |
| 5 | 8 | 3 | 4 | 6 | 1 | 9 | 2 | 7 |
| 4 | 6 | 2 | 5 | 7 | 9 | 3 | 1 | 8 |

### 19

| 8 | 7 | 5 | 4 | 9 | 3 | 1 | 6 | 2 |
|---|---|---|---|---|---|---|---|---|
| 6 | 3 | 4 | 7 | 2 | 1 | 9 | 8 | 5 |
| 9 | 1 | 2 | 5 | 6 | 8 | 3 | 7 | 4 |
| 4 | 5 | 7 | 1 | 3 | 6 | 2 | 9 | 8 |
| 2 | 6 | 1 | 8 | 5 | 9 | 7 | 4 | 3 |
| 3 | 9 | 8 | 2 | 7 | 4 | 6 | 5 | 1 |
| 1 | 8 | 3 | 9 | 4 | 7 | 5 | 2 | 6 |
| 7 | 2 | 6 | 3 | 8 | 5 | 4 | 1 | 9 |
| 5 | 4 | 9 | 6 | 1 | 2 | 8 | 3 | 7 |

### 20

| 8 | 2 | 1 | 4 | 5 | 3 | 7 | 6 | 9 |
|---|---|---|---|---|---|---|---|---|
| 9 | 5 | 7 | 6 | 1 | 2 | 3 | 4 | 8 |
| 3 | 4 | 6 | 7 | 8 | 9 | 5 | 2 | 1 |
| 1 | 7 | 2 | 8 | 3 | 6 | 9 | 5 | 4 |
| 5 | 3 | 9 | 2 | 7 | 4 | 8 | 1 | 6 |
| 4 | 6 | 8 | 1 | 9 | 5 | 2 | 3 | 7 |
| 6 | 8 | 4 | 5 | 2 | 7 | 1 | 9 | 3 |
| 2 | 1 | 3 | 9 | 4 | 8 | 6 | 7 | 5 |
| 7 | 9 | 5 | 3 | 6 | 1 | 4 | 8 | 2 |

# Solutions

## 21

| 7 | 5 | 8 | 3 | 1 | 9 | 4 | 6 | 2 |
|---|---|---|---|---|---|---|---|---|
| 2 | 1 | 3 | 6 | 8 | 4 | 9 | 5 | 7 |
| 6 | 9 | 4 | 7 | 2 | 5 | 3 | 8 | 1 |
| 4 | 2 | 9 | 8 | 7 | 1 | 6 | 3 | 5 |
| 8 | 7 | 6 | 4 | 5 | 3 | 1 | 2 | 9 |
| 1 | 3 | 5 | 9 | 6 | 2 | 8 | 7 | 4 |
| 9 | 4 | 2 | 5 | 3 | 8 | 7 | 1 | 6 |
| 5 | 8 | 7 | 1 | 9 | 6 | 2 | 4 | 3 |
| 3 | 6 | 1 | 2 | 4 | 7 | 5 | 9 | 8 |

## 22

| 1 | 8 | 3 | 7 | 2 | 6 | 9 | 5 | 4 |
|---|---|---|---|---|---|---|---|---|
| 5 | 9 | 2 | 3 | 4 | 8 | 6 | 7 | 1 |
| 7 | 6 | 4 | 5 | 9 | 1 | 8 | 2 | 3 |
| 2 | 3 | 7 | 6 | 1 | 9 | 5 | 4 | 8 |
| 4 | 5 | 9 | 2 | 8 | 3 | 7 | 1 | 6 |
| 8 | 1 | 6 | 4 | 7 | 5 | 3 | 9 | 2 |
| 9 | 4 | 1 | 8 | 3 | 7 | 2 | 6 | 5 |
| 3 | 7 | 5 | 1 | 6 | 2 | 4 | 8 | 9 |
| 6 | 2 | 8 | 9 | 5 | 4 | 1 | 3 | 7 |

## 23

| 7 | 8 | 4 | 3 | 6 | 1 | 2 | 5 | 9 |
|---|---|---|---|---|---|---|---|---|
| 1 | 5 | 9 | 2 | 8 | 4 | 3 | 6 | 7 |
| 2 | 6 | 3 | 7 | 5 | 9 | 1 | 8 | 4 |
| 8 | 1 | 6 | 9 | 4 | 2 | 5 | 7 | 3 |
| 4 | 3 | 2 | 5 | 1 | 7 | 8 | 9 | 6 |
| 5 | 9 | 7 | 8 | 3 | 6 | 4 | 1 | 2 |
| 3 | 7 | 8 | 4 | 9 | 5 | 6 | 2 | 1 |
| 9 | 4 | 1 | 6 | 2 | 8 | 7 | 3 | 5 |
| 6 | 2 | 5 | 1 | 7 | 3 | 9 | 4 | 8 |

## 24

| 5 | 4 | 7 | 1 | 6 | 3 | 8 | 9 | 2 |
|---|---|---|---|---|---|---|---|---|
| 3 | 9 | 2 | 7 | 8 | 5 | 6 | 1 | 4 |
| 6 | 1 | 8 | 2 | 4 | 9 | 7 | 3 | 5 |
| 1 | 5 | 6 | 3 | 2 | 8 | 9 | 4 | 7 |
| 7 | 2 | 4 | 9 | 5 | 1 | 3 | 6 | 8 |
| 8 | 3 | 9 | 4 | 7 | 6 | 5 | 2 | 1 |
| 4 | 7 | 5 | 6 | 3 | 2 | 1 | 8 | 9 |
| 9 | 8 | 3 | 5 | 1 | 4 | 2 | 7 | 6 |
| 2 | 6 | 1 | 8 | 9 | 7 | 4 | 5 | 3 |

# Solutions

**25**

| | | | | | | | | |
|---|---|---|---|---|---|---|---|---|
| 2 | 9 | 3 | 5 | 1 | 4 | 8 | 6 | 7 |
| 7 | 4 | 1 | 6 | 3 | 8 | 2 | 9 | 5 |
| 8 | 5 | 6 | 9 | 7 | 2 | 1 | 4 | 3 |
| 6 | 3 | 8 | 4 | 9 | 7 | 5 | 2 | 1 |
| 9 | 7 | 2 | 8 | 5 | 1 | 6 | 3 | 4 |
| 4 | 1 | 5 | 2 | 6 | 3 | 9 | 7 | 8 |
| 1 | 8 | 4 | 7 | 2 | 9 | 3 | 5 | 6 |
| 5 | 2 | 7 | 3 | 8 | 6 | 4 | 1 | 9 |
| 3 | 6 | 9 | 1 | 4 | 5 | 7 | 8 | 2 |

**26**

| | | | | | | | | |
|---|---|---|---|---|---|---|---|---|
| 9 | 4 | 6 | 8 | 3 | 7 | 2 | 1 | 5 |
| 8 | 5 | 3 | 1 | 9 | 2 | 6 | 4 | 7 |
| 2 | 1 | 7 | 4 | 6 | 5 | 9 | 3 | 8 |
| 3 | 7 | 8 | 6 | 2 | 4 | 5 | 9 | 1 |
| 1 | 9 | 5 | 3 | 7 | 8 | 4 | 2 | 6 |
| 6 | 2 | 4 | 5 | 1 | 9 | 8 | 7 | 3 |
| 5 | 3 | 1 | 2 | 4 | 6 | 7 | 8 | 9 |
| 7 | 6 | 2 | 9 | 8 | 3 | 1 | 5 | 4 |
| 4 | 8 | 9 | 7 | 5 | 1 | 3 | 6 | 2 |

**27**

| | | | | | | | | |
|---|---|---|---|---|---|---|---|---|
| 5 | 8 | 6 | 2 | 3 | 9 | 4 | 7 | 1 |
| 9 | 1 | 3 | 4 | 8 | 7 | 5 | 6 | 2 |
| 4 | 7 | 2 | 6 | 1 | 5 | 8 | 3 | 9 |
| 6 | 2 | 7 | 1 | 4 | 8 | 9 | 5 | 3 |
| 3 | 5 | 4 | 9 | 7 | 6 | 2 | 1 | 8 |
| 1 | 9 | 8 | 3 | 5 | 2 | 7 | 4 | 6 |
| 8 | 4 | 9 | 5 | 6 | 3 | 1 | 2 | 7 |
| 7 | 3 | 5 | 8 | 2 | 1 | 6 | 9 | 4 |
| 2 | 6 | 1 | 7 | 9 | 4 | 3 | 8 | 5 |

**28**

| | | | | | | | | |
|---|---|---|---|---|---|---|---|---|
| 3 | 7 | 9 | 2 | 4 | 6 | 5 | 8 | 1 |
| 8 | 2 | 5 | 7 | 3 | 1 | 4 | 9 | 6 |
| 4 | 1 | 6 | 9 | 8 | 5 | 7 | 3 | 2 |
| 7 | 9 | 8 | 3 | 6 | 2 | 1 | 5 | 4 |
| 1 | 3 | 2 | 5 | 9 | 4 | 6 | 7 | 8 |
| 5 | 6 | 4 | 8 | 1 | 7 | 9 | 2 | 3 |
| 6 | 8 | 3 | 4 | 5 | 9 | 2 | 1 | 7 |
| 9 | 4 | 7 | 1 | 2 | 3 | 8 | 6 | 5 |
| 2 | 5 | 1 | 6 | 7 | 8 | 3 | 4 | 9 |

# Solutions

## 29

| 5 | 6 | 8 | 3 | 7 | 2 | 9 | 4 | 1 |
|---|---|---|---|---|---|---|---|---|
| 7 | 4 | 2 | 9 | 8 | 1 | 5 | 3 | 6 |
| 3 | 1 | 9 | 6 | 5 | 4 | 2 | 8 | 7 |
| 4 | 9 | 6 | 8 | 1 | 5 | 7 | 2 | 3 |
| 8 | 7 | 1 | 4 | 2 | 3 | 6 | 9 | 5 |
| 2 | 3 | 5 | 7 | 6 | 9 | 4 | 1 | 8 |
| 9 | 2 | 7 | 5 | 3 | 8 | 1 | 6 | 4 |
| 1 | 5 | 3 | 2 | 4 | 6 | 8 | 7 | 9 |
| 6 | 8 | 4 | 1 | 9 | 7 | 3 | 5 | 2 |

## 30

| 4 | 1 | 8 | 3 | 7 | 2 | 5 | 9 | 6 |
|---|---|---|---|---|---|---|---|---|
| 5 | 7 | 6 | 9 | 4 | 1 | 2 | 8 | 3 |
| 3 | 2 | 9 | 5 | 8 | 6 | 1 | 4 | 7 |
| 9 | 3 | 4 | 1 | 5 | 8 | 7 | 6 | 2 |
| 6 | 5 | 7 | 4 | 2 | 3 | 8 | 1 | 9 |
| 2 | 8 | 1 | 6 | 9 | 7 | 4 | 3 | 5 |
| 1 | 9 | 5 | 2 | 3 | 4 | 6 | 7 | 8 |
| 8 | 4 | 3 | 7 | 6 | 5 | 9 | 2 | 1 |
| 7 | 6 | 2 | 8 | 1 | 9 | 3 | 5 | 4 |

## 31

| 3 | 7 | 2 | 6 | 5 | 8 | 1 | 4 | 9 |
|---|---|---|---|---|---|---|---|---|
| 9 | 8 | 5 | 4 | 7 | 1 | 3 | 2 | 6 |
| 1 | 4 | 6 | 9 | 2 | 3 | 8 | 5 | 7 |
| 5 | 3 | 4 | 1 | 8 | 7 | 9 | 6 | 2 |
| 8 | 2 | 9 | 3 | 6 | 5 | 7 | 1 | 4 |
| 7 | 6 | 1 | 2 | 9 | 4 | 5 | 3 | 8 |
| 2 | 9 | 8 | 5 | 1 | 6 | 4 | 7 | 3 |
| 4 | 1 | 7 | 8 | 3 | 2 | 6 | 9 | 5 |
| 6 | 5 | 3 | 7 | 4 | 9 | 2 | 8 | 1 |

## 32

| 2 | 4 | 6 | 7 | 9 | 8 | 3 | 1 | 5 |
|---|---|---|---|---|---|---|---|---|
| 1 | 3 | 8 | 5 | 4 | 2 | 9 | 6 | 7 |
| 5 | 7 | 9 | 1 | 3 | 6 | 2 | 4 | 8 |
| 4 | 6 | 2 | 9 | 8 | 3 | 5 | 7 | 1 |
| 9 | 8 | 1 | 6 | 5 | 7 | 4 | 3 | 2 |
| 3 | 5 | 7 | 4 | 2 | 1 | 8 | 9 | 6 |
| 7 | 2 | 4 | 8 | 6 | 9 | 1 | 5 | 3 |
| 6 | 9 | 3 | 2 | 1 | 5 | 7 | 8 | 4 |
| 8 | 1 | 5 | 3 | 7 | 4 | 6 | 2 | 9 |

# Solutions

## 33

| 8 | 5 | 7 | 1 | 4 | 6 | 3 | 2 | 9 |
| 6 | 9 | 3 | 2 | 5 | 8 | 1 | 7 | 4 |
| 2 | 1 | 4 | 3 | 9 | 7 | 5 | 6 | 8 |
| 3 | 7 | 6 | 8 | 2 | 4 | 9 | 1 | 5 |
| 1 | 4 | 9 | 5 | 6 | 3 | 2 | 8 | 7 |
| 5 | 2 | 8 | 7 | 1 | 9 | 4 | 3 | 6 |
| 9 | 3 | 2 | 6 | 8 | 5 | 7 | 4 | 1 |
| 4 | 8 | 1 | 9 | 7 | 2 | 6 | 5 | 3 |
| 7 | 6 | 5 | 4 | 3 | 1 | 8 | 9 | 2 |

## 34

| 2 | 9 | 4 | 6 | 5 | 8 | 1 | 7 | 3 |
| 8 | 6 | 7 | 9 | 1 | 3 | 4 | 2 | 5 |
| 3 | 1 | 5 | 2 | 7 | 4 | 6 | 8 | 9 |
| 5 | 7 | 3 | 1 | 8 | 9 | 2 | 4 | 6 |
| 1 | 2 | 8 | 3 | 4 | 6 | 5 | 9 | 7 |
| 6 | 4 | 9 | 5 | 2 | 7 | 8 | 3 | 1 |
| 4 | 8 | 1 | 7 | 9 | 5 | 3 | 6 | 2 |
| 9 | 5 | 6 | 4 | 3 | 2 | 7 | 1 | 8 |
| 7 | 3 | 2 | 8 | 6 | 1 | 9 | 5 | 4 |

## 35

| 9 | 1 | 4 | 5 | 8 | 6 | 3 | 2 | 7 |
| 6 | 2 | 5 | 9 | 3 | 7 | 4 | 1 | 8 |
| 3 | 8 | 7 | 2 | 4 | 1 | 9 | 6 | 5 |
| 4 | 5 | 6 | 3 | 7 | 9 | 1 | 8 | 2 |
| 7 | 3 | 1 | 8 | 2 | 4 | 6 | 5 | 9 |
| 2 | 9 | 8 | 1 | 6 | 5 | 7 | 3 | 4 |
| 8 | 4 | 3 | 7 | 1 | 2 | 5 | 9 | 6 |
| 1 | 7 | 9 | 6 | 5 | 8 | 2 | 4 | 3 |
| 5 | 6 | 2 | 4 | 9 | 3 | 8 | 7 | 1 |

## 36

| 7 | 1 | 6 | 4 | 3 | 8 | 2 | 5 | 9 |
| 5 | 3 | 4 | 1 | 9 | 2 | 7 | 6 | 8 |
| 2 | 8 | 9 | 6 | 7 | 5 | 3 | 4 | 1 |
| 1 | 4 | 5 | 8 | 6 | 3 | 9 | 2 | 7 |
| 6 | 7 | 8 | 2 | 1 | 9 | 4 | 3 | 5 |
| 3 | 9 | 2 | 7 | 5 | 4 | 1 | 8 | 6 |
| 4 | 6 | 3 | 9 | 8 | 1 | 5 | 7 | 2 |
| 8 | 5 | 1 | 3 | 2 | 7 | 6 | 9 | 4 |
| 9 | 2 | 7 | 5 | 4 | 6 | 8 | 1 | 3 |

# Solutions

## 37

| 6 | 4 | 7 | 5 | 9 | 2 | 1 | 3 | 8 |
|---|---|---|---|---|---|---|---|---|
| 9 | 2 | 3 | 1 | 8 | 6 | 7 | 5 | 4 |
| 8 | 5 | 1 | 4 | 3 | 7 | 9 | 6 | 2 |
| 1 | 6 | 9 | 7 | 2 | 8 | 5 | 4 | 3 |
| 3 | 8 | 4 | 6 | 1 | 5 | 2 | 7 | 9 |
| 5 | 7 | 2 | 9 | 4 | 3 | 8 | 1 | 6 |
| 4 | 9 | 6 | 2 | 5 | 1 | 3 | 8 | 7 |
| 2 | 3 | 5 | 8 | 7 | 4 | 6 | 9 | 1 |
| 7 | 1 | 8 | 3 | 6 | 9 | 4 | 2 | 5 |

## 38

| 5 | 7 | 2 | 4 | 8 | 3 | 9 | 6 | 1 |
|---|---|---|---|---|---|---|---|---|
| 8 | 3 | 1 | 7 | 6 | 9 | 5 | 2 | 4 |
| 9 | 6 | 4 | 2 | 5 | 1 | 3 | 7 | 8 |
| 2 | 4 | 5 | 6 | 1 | 7 | 8 | 9 | 3 |
| 7 | 9 | 6 | 3 | 4 | 8 | 1 | 5 | 2 |
| 3 | 1 | 8 | 5 | 9 | 2 | 7 | 4 | 6 |
| 4 | 8 | 7 | 9 | 3 | 6 | 2 | 1 | 5 |
| 1 | 5 | 9 | 8 | 2 | 4 | 6 | 3 | 7 |
| 6 | 2 | 3 | 1 | 7 | 5 | 4 | 8 | 9 |

## 39

| 1 | 2 | 8 | 5 | 3 | 9 | 4 | 7 | 6 |
|---|---|---|---|---|---|---|---|---|
| 9 | 7 | 3 | 4 | 6 | 1 | 2 | 8 | 5 |
| 6 | 4 | 5 | 8 | 2 | 7 | 1 | 3 | 9 |
| 3 | 5 | 4 | 2 | 1 | 6 | 7 | 9 | 8 |
| 7 | 8 | 1 | 9 | 4 | 3 | 6 | 5 | 2 |
| 2 | 6 | 9 | 7 | 8 | 5 | 3 | 1 | 4 |
| 5 | 9 | 2 | 3 | 7 | 4 | 8 | 6 | 1 |
| 4 | 1 | 7 | 6 | 5 | 8 | 9 | 2 | 3 |
| 8 | 3 | 6 | 1 | 9 | 2 | 5 | 4 | 7 |

## 40

| 2 | 6 | 9 | 1 | 5 | 8 | 3 | 7 | 4 |
|---|---|---|---|---|---|---|---|---|
| 3 | 8 | 5 | 4 | 6 | 7 | 1 | 2 | 9 |
| 1 | 7 | 4 | 3 | 9 | 2 | 6 | 8 | 5 |
| 6 | 9 | 3 | 7 | 8 | 5 | 2 | 4 | 1 |
| 5 | 2 | 1 | 6 | 4 | 9 | 8 | 3 | 7 |
| 8 | 4 | 7 | 2 | 3 | 1 | 9 | 5 | 6 |
| 4 | 5 | 6 | 9 | 2 | 3 | 7 | 1 | 8 |
| 7 | 3 | 8 | 5 | 1 | 6 | 4 | 9 | 2 |
| 9 | 1 | 2 | 8 | 7 | 4 | 5 | 6 | 3 |

# Solutions

## 41

| 2 | 1 | 3 | 5 | 6 | 4 | 9 | 8 | 7 |
|---|---|---|---|---|---|---|---|---|
| 4 | 9 | 8 | 7 | 3 | 1 | 6 | 2 | 5 |
| 6 | 7 | 5 | 2 | 8 | 9 | 1 | 4 | 3 |
| 3 | 5 | 6 | 8 | 1 | 2 | 7 | 9 | 4 |
| 7 | 8 | 9 | 6 | 4 | 5 | 2 | 3 | 1 |
| 1 | 2 | 4 | 9 | 7 | 3 | 5 | 6 | 8 |
| 8 | 4 | 2 | 1 | 9 | 7 | 3 | 5 | 6 |
| 5 | 3 | 7 | 4 | 2 | 6 | 8 | 1 | 9 |
| 9 | 6 | 1 | 3 | 5 | 8 | 4 | 7 | 2 |

## 42

| 3 | 8 | 2 | 4 | 7 | 9 | 5 | 6 | 1 |
|---|---|---|---|---|---|---|---|---|
| 9 | 6 | 4 | 8 | 1 | 5 | 7 | 3 | 2 |
| 7 | 1 | 5 | 6 | 2 | 3 | 9 | 4 | 8 |
| 1 | 7 | 6 | 5 | 3 | 8 | 2 | 9 | 4 |
| 4 | 9 | 3 | 2 | 6 | 7 | 1 | 8 | 5 |
| 2 | 5 | 8 | 9 | 4 | 1 | 6 | 7 | 3 |
| 8 | 4 | 7 | 1 | 9 | 2 | 3 | 5 | 6 |
| 5 | 2 | 9 | 3 | 8 | 6 | 4 | 1 | 7 |
| 6 | 3 | 1 | 7 | 5 | 4 | 8 | 2 | 9 |

## 43

| 7 | 4 | 8 | 1 | 2 | 5 | 3 | 6 | 9 |
|---|---|---|---|---|---|---|---|---|
| 2 | 1 | 6 | 9 | 4 | 3 | 7 | 5 | 8 |
| 3 | 9 | 5 | 7 | 8 | 6 | 1 | 2 | 4 |
| 8 | 7 | 3 | 4 | 9 | 2 | 6 | 1 | 5 |
| 6 | 2 | 9 | 5 | 1 | 8 | 4 | 7 | 3 |
| 1 | 5 | 4 | 3 | 6 | 7 | 8 | 9 | 2 |
| 9 | 6 | 7 | 8 | 5 | 4 | 2 | 3 | 1 |
| 5 | 8 | 2 | 6 | 3 | 1 | 9 | 4 | 7 |
| 4 | 3 | 1 | 2 | 7 | 9 | 5 | 8 | 6 |

## 44

| 9 | 3 | 8 | 1 | 7 | 2 | 5 | 6 | 4 |
|---|---|---|---|---|---|---|---|---|
| 1 | 6 | 4 | 9 | 8 | 5 | 7 | 2 | 3 |
| 2 | 5 | 7 | 4 | 6 | 3 | 9 | 8 | 1 |
| 8 | 4 | 1 | 7 | 2 | 9 | 6 | 3 | 5 |
| 6 | 9 | 3 | 5 | 1 | 4 | 8 | 7 | 2 |
| 7 | 2 | 5 | 6 | 3 | 8 | 4 | 1 | 9 |
| 3 | 1 | 9 | 8 | 4 | 7 | 2 | 5 | 6 |
| 4 | 7 | 2 | 3 | 5 | 6 | 1 | 9 | 8 |
| 5 | 8 | 6 | 2 | 9 | 1 | 3 | 4 | 7 |

# Solutions

## 45

| 7 | 9 | 5 | 3 | 4 | 2 | 1 | 8 | 6 |
| 8 | 4 | 6 | 7 | 1 | 5 | 2 | 9 | 3 |
| 1 | 2 | 3 | 8 | 9 | 6 | 5 | 7 | 4 |
| 5 | 1 | 7 | 6 | 8 | 3 | 9 | 4 | 2 |
| 9 | 3 | 8 | 5 | 2 | 4 | 7 | 6 | 1 |
| 4 | 6 | 2 | 9 | 7 | 1 | 3 | 5 | 8 |
| 6 | 5 | 4 | 1 | 3 | 7 | 8 | 2 | 9 |
| 3 | 7 | 9 | 2 | 6 | 8 | 4 | 1 | 5 |
| 2 | 8 | 1 | 4 | 5 | 9 | 6 | 3 | 7 |

## 46

| 1 | 3 | 9 | 5 | 2 | 4 | 7 | 6 | 8 |
| 6 | 8 | 5 | 3 | 9 | 7 | 4 | 2 | 1 |
| 2 | 7 | 4 | 6 | 8 | 1 | 9 | 5 | 3 |
| 4 | 1 | 6 | 8 | 7 | 9 | 2 | 3 | 5 |
| 5 | 9 | 8 | 4 | 3 | 2 | 1 | 7 | 6 |
| 7 | 2 | 3 | 1 | 6 | 5 | 8 | 4 | 9 |
| 9 | 6 | 7 | 2 | 1 | 3 | 5 | 8 | 4 |
| 8 | 4 | 2 | 9 | 5 | 6 | 3 | 1 | 7 |
| 3 | 5 | 1 | 7 | 4 | 8 | 6 | 9 | 2 |

## 47

| 1 | 9 | 8 | 3 | 2 | 5 | 4 | 6 | 7 |
| 6 | 3 | 2 | 4 | 9 | 7 | 8 | 1 | 5 |
| 5 | 4 | 7 | 8 | 1 | 6 | 9 | 2 | 3 |
| 9 | 1 | 5 | 6 | 3 | 8 | 2 | 7 | 4 |
| 4 | 7 | 3 | 9 | 5 | 2 | 1 | 8 | 6 |
| 8 | 2 | 6 | 1 | 7 | 4 | 5 | 3 | 9 |
| 2 | 8 | 4 | 5 | 6 | 3 | 7 | 9 | 1 |
| 3 | 5 | 1 | 7 | 8 | 9 | 6 | 4 | 2 |
| 7 | 6 | 9 | 2 | 4 | 1 | 3 | 5 | 8 |

## 48

| 8 | 1 | 9 | 7 | 5 | 3 | 2 | 6 | 4 |
| 7 | 2 | 6 | 1 | 8 | 4 | 5 | 3 | 9 |
| 5 | 3 | 4 | 9 | 2 | 6 | 8 | 7 | 1 |
| 3 | 4 | 2 | 8 | 6 | 9 | 1 | 5 | 7 |
| 1 | 6 | 5 | 3 | 7 | 2 | 4 | 9 | 8 |
| 9 | 7 | 8 | 5 | 4 | 1 | 3 | 2 | 6 |
| 2 | 8 | 7 | 6 | 1 | 5 | 9 | 4 | 3 |
| 6 | 5 | 3 | 4 | 9 | 8 | 7 | 1 | 2 |
| 4 | 9 | 1 | 2 | 3 | 7 | 6 | 8 | 5 |

# Solutions

## 49

| 7 | 1 | 3 | 6 | 5 | 9 | 2 | 4 | 8 |
| 2 | 6 | 5 | 4 | 1 | 8 | 7 | 3 | 9 |
| 9 | 4 | 8 | 3 | 7 | 2 | 5 | 6 | 1 |
| 6 | 8 | 4 | 5 | 3 | 7 | 9 | 1 | 2 |
| 3 | 7 | 1 | 2 | 9 | 4 | 6 | 8 | 5 |
| 5 | 2 | 9 | 8 | 6 | 1 | 4 | 7 | 3 |
| 4 | 5 | 2 | 1 | 8 | 6 | 3 | 9 | 7 |
| 8 | 9 | 6 | 7 | 2 | 3 | 1 | 5 | 4 |
| 1 | 3 | 7 | 9 | 4 | 5 | 8 | 2 | 6 |

## 50

| 5 | 3 | 2 | 8 | 4 | 7 | 9 | 6 | 1 |
| 8 | 1 | 6 | 5 | 3 | 9 | 7 | 4 | 2 |
| 9 | 7 | 4 | 6 | 2 | 1 | 3 | 8 | 5 |
| 7 | 8 | 3 | 2 | 1 | 4 | 6 | 5 | 9 |
| 1 | 4 | 9 | 3 | 6 | 5 | 8 | 2 | 7 |
| 6 | 2 | 5 | 9 | 7 | 8 | 1 | 3 | 4 |
| 2 | 5 | 1 | 7 | 8 | 3 | 4 | 9 | 6 |
| 3 | 9 | 7 | 4 | 5 | 6 | 2 | 1 | 8 |
| 4 | 6 | 8 | 1 | 9 | 2 | 5 | 7 | 3 |

## 51

| 8 | 6 | 7 | 3 | 1 | 2 | 9 | 5 | 4 |
| 3 | 5 | 9 | 8 | 4 | 7 | 6 | 1 | 2 |
| 4 | 2 | 1 | 9 | 5 | 6 | 3 | 8 | 7 |
| 9 | 4 | 3 | 6 | 2 | 5 | 8 | 7 | 1 |
| 6 | 7 | 5 | 4 | 8 | 1 | 2 | 3 | 9 |
| 1 | 8 | 2 | 7 | 9 | 3 | 4 | 6 | 5 |
| 2 | 3 | 6 | 5 | 7 | 9 | 1 | 4 | 8 |
| 7 | 1 | 4 | 2 | 3 | 8 | 5 | 9 | 6 |
| 5 | 9 | 8 | 1 | 6 | 4 | 7 | 2 | 3 |

## 52

| 5 | 4 | 8 | 7 | 2 | 9 | 1 | 6 | 3 |
| 9 | 3 | 7 | 4 | 1 | 6 | 5 | 8 | 2 |
| 1 | 6 | 2 | 5 | 3 | 8 | 4 | 7 | 9 |
| 8 | 1 | 6 | 3 | 7 | 2 | 9 | 5 | 4 |
| 3 | 2 | 4 | 6 | 9 | 5 | 7 | 1 | 8 |
| 7 | 5 | 9 | 1 | 8 | 4 | 2 | 3 | 6 |
| 4 | 9 | 3 | 8 | 5 | 1 | 6 | 2 | 7 |
| 2 | 8 | 1 | 9 | 6 | 7 | 3 | 4 | 5 |
| 6 | 7 | 5 | 2 | 4 | 3 | 8 | 9 | 1 |

# Solutions

## 53

| 8 | 9 | 4 | 5 | 2 | 6 | 3 | 1 | 7 |
| 6 | 2 | 1 | 7 | 3 | 4 | 9 | 8 | 5 |
| 5 | 7 | 3 | 8 | 9 | 1 | 6 | 2 | 4 |
| 9 | 5 | 7 | 2 | 6 | 8 | 4 | 3 | 1 |
| 3 | 4 | 8 | 1 | 5 | 7 | 2 | 9 | 6 |
| 2 | 1 | 6 | 3 | 4 | 9 | 5 | 7 | 8 |
| 7 | 6 | 2 | 4 | 1 | 3 | 8 | 5 | 9 |
| 4 | 8 | 5 | 9 | 7 | 2 | 1 | 6 | 3 |
| 1 | 3 | 9 | 6 | 8 | 5 | 7 | 4 | 2 |

## 54

| 6 | 3 | 8 | 7 | 9 | 4 | 2 | 5 | 1 |
| 7 | 1 | 2 | 3 | 6 | 5 | 4 | 8 | 9 |
| 9 | 5 | 4 | 2 | 8 | 1 | 6 | 7 | 3 |
| 4 | 7 | 6 | 9 | 3 | 2 | 5 | 1 | 8 |
| 8 | 9 | 1 | 5 | 4 | 7 | 3 | 2 | 6 |
| 5 | 2 | 3 | 8 | 1 | 6 | 9 | 4 | 7 |
| 1 | 6 | 7 | 4 | 5 | 3 | 8 | 9 | 2 |
| 2 | 4 | 9 | 6 | 7 | 8 | 1 | 3 | 5 |
| 3 | 8 | 5 | 1 | 2 | 9 | 7 | 6 | 4 |

## 55

| 2 | 6 | 9 | 3 | 1 | 8 | 4 | 7 | 5 |
| 1 | 3 | 7 | 6 | 5 | 4 | 8 | 2 | 9 |
| 8 | 5 | 4 | 9 | 7 | 2 | 6 | 1 | 3 |
| 5 | 9 | 1 | 8 | 3 | 6 | 2 | 4 | 7 |
| 7 | 8 | 3 | 4 | 2 | 5 | 9 | 6 | 1 |
| 4 | 2 | 6 | 1 | 9 | 7 | 3 | 5 | 8 |
| 6 | 1 | 2 | 5 | 8 | 3 | 7 | 9 | 4 |
| 9 | 7 | 8 | 2 | 4 | 1 | 5 | 3 | 6 |
| 3 | 4 | 5 | 7 | 6 | 9 | 1 | 8 | 2 |

## 56

| 2 | 4 | 6 | 8 | 5 | 1 | 7 | 3 | 9 |
| 5 | 7 | 3 | 9 | 6 | 2 | 1 | 8 | 4 |
| 8 | 1 | 9 | 3 | 7 | 4 | 5 | 6 | 2 |
| 7 | 6 | 8 | 4 | 3 | 9 | 2 | 5 | 1 |
| 3 | 5 | 4 | 2 | 1 | 6 | 9 | 7 | 8 |
| 9 | 2 | 1 | 7 | 8 | 5 | 6 | 4 | 3 |
| 6 | 3 | 2 | 5 | 9 | 8 | 4 | 1 | 7 |
| 4 | 8 | 5 | 1 | 2 | 7 | 3 | 9 | 6 |
| 1 | 9 | 7 | 6 | 4 | 3 | 8 | 2 | 5 |

## Solutions

### 57

| | | | | | | | | |
|---|---|---|---|---|---|---|---|---|
| 3 | 7 | 2 | 5 | 8 | 1 | 6 | 9 | 4 |
| 6 | 1 | 5 | 9 | 7 | 4 | 8 | 3 | 2 |
| 8 | 9 | 4 | 6 | 3 | 2 | 1 | 5 | 7 |
| 9 | 5 | 3 | 1 | 6 | 7 | 2 | 4 | 8 |
| 2 | 6 | 8 | 3 | 4 | 9 | 7 | 1 | 5 |
| 1 | 4 | 7 | 2 | 5 | 8 | 3 | 6 | 9 |
| 4 | 2 | 6 | 7 | 1 | 5 | 9 | 8 | 3 |
| 5 | 3 | 9 | 8 | 2 | 6 | 4 | 7 | 1 |
| 7 | 8 | 1 | 4 | 9 | 3 | 5 | 2 | 6 |

### 58

| | | | | | | | | |
|---|---|---|---|---|---|---|---|---|
| 7 | 5 | 1 | 6 | 3 | 4 | 9 | 2 | 8 |
| 2 | 4 | 9 | 7 | 5 | 8 | 3 | 1 | 6 |
| 8 | 6 | 3 | 1 | 2 | 9 | 4 | 7 | 5 |
| 4 | 2 | 6 | 8 | 7 | 1 | 5 | 9 | 3 |
| 1 | 3 | 5 | 9 | 6 | 2 | 8 | 4 | 7 |
| 9 | 8 | 7 | 5 | 4 | 3 | 2 | 6 | 1 |
| 6 | 1 | 8 | 4 | 9 | 5 | 7 | 3 | 2 |
| 3 | 7 | 4 | 2 | 8 | 6 | 1 | 5 | 9 |
| 5 | 9 | 2 | 3 | 1 | 7 | 6 | 8 | 4 |

### 59

| | | | | | | | | |
|---|---|---|---|---|---|---|---|---|
| 5 | 8 | 4 | 7 | 6 | 2 | 3 | 9 | 1 |
| 1 | 9 | 6 | 5 | 3 | 8 | 7 | 4 | 2 |
| 7 | 2 | 3 | 9 | 1 | 4 | 5 | 8 | 6 |
| 4 | 5 | 1 | 3 | 8 | 9 | 2 | 6 | 7 |
| 2 | 6 | 9 | 1 | 4 | 7 | 8 | 3 | 5 |
| 8 | 3 | 7 | 6 | 2 | 5 | 9 | 1 | 4 |
| 3 | 7 | 5 | 4 | 9 | 1 | 6 | 2 | 8 |
| 6 | 4 | 2 | 8 | 5 | 3 | 1 | 7 | 9 |
| 9 | 1 | 8 | 2 | 7 | 6 | 4 | 5 | 3 |

### 60

| | | | | | | | | |
|---|---|---|---|---|---|---|---|---|
| 3 | 1 | 6 | 7 | 5 | 8 | 2 | 4 | 9 |
| 5 | 4 | 9 | 3 | 2 | 6 | 8 | 7 | 1 |
| 8 | 7 | 2 | 1 | 9 | 4 | 6 | 5 | 3 |
| 4 | 8 | 3 | 9 | 6 | 5 | 7 | 1 | 2 |
| 2 | 9 | 1 | 4 | 3 | 7 | 5 | 8 | 6 |
| 6 | 5 | 7 | 2 | 8 | 1 | 9 | 3 | 4 |
| 1 | 3 | 5 | 6 | 7 | 2 | 4 | 9 | 8 |
| 9 | 6 | 8 | 5 | 4 | 3 | 1 | 2 | 7 |
| 7 | 2 | 4 | 8 | 1 | 9 | 3 | 6 | 5 |

# Solutions

## 61

| 6 | 9 | 4 | 5 | 8 | 1 | 7 | 3 | 2 |
|---|---|---|---|---|---|---|---|---|
| 7 | 8 | 3 | 4 | 2 | 6 | 1 | 9 | 5 |
| 1 | 5 | 2 | 3 | 7 | 9 | 6 | 4 | 8 |
| 5 | 2 | 7 | 8 | 4 | 3 | 9 | 1 | 6 |
| 4 | 6 | 9 | 2 | 1 | 5 | 3 | 8 | 7 |
| 3 | 1 | 8 | 6 | 9 | 7 | 5 | 2 | 4 |
| 2 | 3 | 6 | 1 | 5 | 4 | 8 | 7 | 9 |
| 9 | 4 | 5 | 7 | 3 | 8 | 2 | 6 | 1 |
| 8 | 7 | 1 | 9 | 6 | 2 | 4 | 5 | 3 |

## 62

| 3 | 9 | 5 | 8 | 1 | 7 | 4 | 6 | 2 |
|---|---|---|---|---|---|---|---|---|
| 2 | 4 | 1 | 5 | 9 | 6 | 7 | 8 | 3 |
| 8 | 7 | 6 | 4 | 3 | 2 | 9 | 5 | 1 |
| 7 | 3 | 8 | 9 | 6 | 1 | 5 | 2 | 4 |
| 4 | 6 | 2 | 7 | 5 | 3 | 1 | 9 | 8 |
| 5 | 1 | 9 | 2 | 8 | 4 | 6 | 3 | 7 |
| 9 | 8 | 4 | 1 | 2 | 5 | 3 | 7 | 6 |
| 1 | 5 | 3 | 6 | 7 | 8 | 2 | 4 | 9 |
| 6 | 2 | 7 | 3 | 4 | 9 | 8 | 1 | 5 |

## 63

| 4 | 7 | 9 | 8 | 6 | 3 | 2 | 5 | 1 |
|---|---|---|---|---|---|---|---|---|
| 6 | 5 | 3 | 9 | 1 | 2 | 8 | 4 | 7 |
| 8 | 2 | 1 | 7 | 5 | 4 | 6 | 9 | 3 |
| 2 | 4 | 7 | 5 | 9 | 1 | 3 | 8 | 6 |
| 3 | 9 | 6 | 2 | 8 | 7 | 4 | 1 | 5 |
| 1 | 8 | 5 | 4 | 3 | 6 | 7 | 2 | 9 |
| 5 | 1 | 2 | 6 | 7 | 8 | 9 | 3 | 4 |
| 7 | 3 | 4 | 1 | 2 | 9 | 5 | 6 | 8 |
| 9 | 6 | 8 | 3 | 4 | 5 | 1 | 7 | 2 |

## 64

| 5 | 7 | 6 | 1 | 9 | 3 | 8 | 4 | 2 |
|---|---|---|---|---|---|---|---|---|
| 9 | 8 | 2 | 4 | 6 | 7 | 5 | 3 | 1 |
| 3 | 4 | 1 | 2 | 5 | 8 | 7 | 9 | 6 |
| 8 | 5 | 3 | 6 | 4 | 2 | 9 | 1 | 7 |
| 6 | 9 | 7 | 3 | 1 | 5 | 4 | 2 | 8 |
| 2 | 1 | 4 | 7 | 8 | 9 | 6 | 5 | 3 |
| 1 | 2 | 5 | 9 | 7 | 6 | 3 | 8 | 4 |
| 4 | 6 | 9 | 8 | 3 | 1 | 2 | 7 | 5 |
| 7 | 3 | 8 | 5 | 2 | 4 | 1 | 6 | 9 |

# Solutions

65

| | | | | | | | | |
|---|---|---|---|---|---|---|---|---|
| 4 | 1 | 7 | 2 | 9 | 6 | 8 | 3 | 5 |
| 5 | 8 | 2 | 3 | 4 | 7 | 1 | 6 | 9 |
| 3 | 9 | 6 | 1 | 5 | 8 | 4 | 7 | 2 |
| 2 | 3 | 9 | 6 | 1 | 5 | 7 | 4 | 8 |
| 8 | 6 | 4 | 9 | 7 | 3 | 5 | 2 | 1 |
| 7 | 5 | 1 | 4 | 8 | 2 | 3 | 9 | 6 |
| 6 | 7 | 8 | 5 | 2 | 4 | 9 | 1 | 3 |
| 9 | 4 | 3 | 8 | 6 | 1 | 2 | 5 | 7 |
| 1 | 2 | 5 | 7 | 3 | 9 | 6 | 8 | 4 |

66

| | | | | | | | | |
|---|---|---|---|---|---|---|---|---|
| 2 | 8 | 4 | 5 | 3 | 1 | 6 | 9 | 7 |
| 7 | 1 | 5 | 8 | 6 | 9 | 2 | 4 | 3 |
| 3 | 9 | 6 | 4 | 2 | 7 | 5 | 8 | 1 |
| 8 | 3 | 2 | 9 | 7 | 5 | 4 | 1 | 6 |
| 6 | 4 | 7 | 1 | 8 | 2 | 9 | 3 | 5 |
| 1 | 5 | 9 | 6 | 4 | 3 | 8 | 7 | 2 |
| 5 | 6 | 8 | 3 | 1 | 4 | 7 | 2 | 9 |
| 9 | 7 | 3 | 2 | 5 | 8 | 1 | 6 | 4 |
| 4 | 2 | 1 | 7 | 9 | 6 | 3 | 5 | 8 |

67

| | | | | | | | | |
|---|---|---|---|---|---|---|---|---|
| 9 | 4 | 3 | 8 | 1 | 5 | 7 | 6 | 2 |
| 7 | 8 | 1 | 2 | 4 | 6 | 3 | 5 | 9 |
| 6 | 5 | 2 | 9 | 7 | 3 | 4 | 1 | 8 |
| 3 | 6 | 4 | 5 | 2 | 1 | 9 | 8 | 7 |
| 5 | 1 | 8 | 7 | 3 | 9 | 6 | 2 | 4 |
| 2 | 9 | 7 | 6 | 8 | 4 | 5 | 3 | 1 |
| 8 | 2 | 9 | 3 | 6 | 7 | 1 | 4 | 5 |
| 4 | 3 | 5 | 1 | 9 | 2 | 8 | 7 | 6 |
| 1 | 7 | 6 | 4 | 5 | 8 | 2 | 9 | 3 |

68

| | | | | | | | | |
|---|---|---|---|---|---|---|---|---|
| 4 | 9 | 5 | 7 | 3 | 6 | 2 | 8 | 1 |
| 3 | 6 | 8 | 1 | 2 | 5 | 4 | 7 | 9 |
| 1 | 2 | 7 | 4 | 9 | 8 | 3 | 6 | 5 |
| 9 | 8 | 1 | 5 | 4 | 2 | 7 | 3 | 6 |
| 7 | 5 | 6 | 3 | 8 | 1 | 9 | 4 | 2 |
| 2 | 3 | 4 | 6 | 7 | 9 | 5 | 1 | 8 |
| 6 | 7 | 2 | 9 | 1 | 4 | 8 | 5 | 3 |
| 5 | 4 | 9 | 8 | 6 | 3 | 1 | 2 | 7 |
| 8 | 1 | 3 | 2 | 5 | 7 | 6 | 9 | 4 |

# Solutions

## 69

| 3 | 7 | 2 | 1 | 6 | 4 | 9 | 8 | 5 |
| 4 | 9 | 5 | 3 | 7 | 8 | 1 | 2 | 6 |
| 1 | 8 | 6 | 9 | 5 | 2 | 4 | 3 | 7 |
| 8 | 5 | 1 | 4 | 2 | 9 | 7 | 6 | 3 |
| 7 | 2 | 9 | 6 | 3 | 5 | 8 | 4 | 1 |
| 6 | 3 | 4 | 7 | 8 | 1 | 5 | 9 | 2 |
| 9 | 6 | 3 | 5 | 4 | 7 | 2 | 1 | 8 |
| 2 | 4 | 7 | 8 | 1 | 3 | 6 | 5 | 9 |
| 5 | 1 | 8 | 2 | 9 | 6 | 3 | 7 | 4 |

## 70

| 2 | 8 | 6 | 3 | 5 | 7 | 1 | 4 | 9 |
| 3 | 5 | 9 | 4 | 1 | 8 | 6 | 2 | 7 |
| 7 | 1 | 4 | 2 | 9 | 6 | 5 | 3 | 8 |
| 9 | 2 | 8 | 6 | 7 | 5 | 3 | 1 | 4 |
| 4 | 7 | 5 | 1 | 8 | 3 | 2 | 9 | 6 |
| 1 | 6 | 3 | 9 | 4 | 2 | 8 | 7 | 5 |
| 6 | 9 | 2 | 5 | 3 | 4 | 7 | 8 | 1 |
| 8 | 3 | 1 | 7 | 6 | 9 | 4 | 5 | 2 |
| 5 | 4 | 7 | 8 | 2 | 1 | 9 | 6 | 3 |

## 71

| 9 | 1 | 4 | 7 | 3 | 5 | 8 | 6 | 2 |
| 6 | 2 | 7 | 8 | 1 | 4 | 3 | 5 | 9 |
| 8 | 3 | 5 | 9 | 2 | 6 | 1 | 7 | 4 |
| 3 | 6 | 2 | 4 | 8 | 7 | 5 | 9 | 1 |
| 7 | 5 | 9 | 1 | 6 | 3 | 4 | 2 | 8 |
| 4 | 8 | 1 | 5 | 9 | 2 | 7 | 3 | 6 |
| 1 | 4 | 3 | 6 | 5 | 9 | 2 | 8 | 7 |
| 5 | 9 | 8 | 2 | 7 | 1 | 6 | 4 | 3 |
| 2 | 7 | 6 | 3 | 4 | 8 | 9 | 1 | 5 |

## 72

| 7 | 9 | 8 | 5 | 3 | 6 | 4 | 1 | 2 |
| 6 | 1 | 3 | 7 | 4 | 2 | 9 | 8 | 5 |
| 4 | 2 | 5 | 9 | 1 | 8 | 6 | 7 | 3 |
| 1 | 5 | 4 | 8 | 6 | 3 | 7 | 2 | 9 |
| 3 | 7 | 6 | 2 | 5 | 9 | 1 | 4 | 8 |
| 9 | 8 | 2 | 1 | 7 | 4 | 3 | 5 | 6 |
| 2 | 4 | 1 | 3 | 9 | 5 | 8 | 6 | 7 |
| 8 | 6 | 9 | 4 | 2 | 7 | 5 | 3 | 1 |
| 5 | 3 | 7 | 6 | 8 | 1 | 2 | 9 | 4 |

# Solutions

## 73

| 2 | 1 | 8 | 9 | 3 | 5 | 6 | 7 | 4 |
|---|---|---|---|---|---|---|---|---|
| 7 | 6 | 3 | 8 | 1 | 4 | 5 | 9 | 2 |
| 5 | 4 | 9 | 7 | 6 | 2 | 8 | 3 | 1 |
| 9 | 5 | 6 | 4 | 7 | 8 | 2 | 1 | 3 |
| 4 | 8 | 1 | 3 | 2 | 6 | 7 | 5 | 9 |
| 3 | 7 | 2 | 1 | 5 | 9 | 4 | 6 | 8 |
| 8 | 2 | 7 | 6 | 9 | 1 | 3 | 4 | 5 |
| 1 | 3 | 5 | 2 | 4 | 7 | 9 | 8 | 6 |
| 6 | 9 | 4 | 5 | 8 | 3 | 1 | 2 | 7 |

## 74

| 6 | 1 | 4 | 8 | 3 | 5 | 9 | 7 | 2 |
|---|---|---|---|---|---|---|---|---|
| 3 | 5 | 9 | 4 | 7 | 2 | 6 | 1 | 8 |
| 8 | 2 | 7 | 6 | 1 | 9 | 4 | 5 | 3 |
| 5 | 9 | 3 | 1 | 6 | 7 | 8 | 2 | 4 |
| 1 | 7 | 8 | 3 | 2 | 4 | 5 | 9 | 6 |
| 2 | 4 | 6 | 9 | 5 | 8 | 7 | 3 | 1 |
| 9 | 6 | 1 | 7 | 8 | 3 | 2 | 4 | 5 |
| 4 | 8 | 5 | 2 | 9 | 1 | 3 | 6 | 7 |
| 7 | 3 | 2 | 5 | 4 | 6 | 1 | 8 | 9 |

## 75

| 8 | 6 | 1 | 5 | 7 | 2 | 9 | 4 | 3 |
|---|---|---|---|---|---|---|---|---|
| 9 | 5 | 4 | 8 | 3 | 1 | 2 | 7 | 6 |
| 3 | 2 | 7 | 4 | 6 | 9 | 5 | 1 | 8 |
| 4 | 9 | 3 | 6 | 5 | 7 | 8 | 2 | 1 |
| 1 | 8 | 5 | 3 | 2 | 4 | 7 | 6 | 9 |
| 2 | 7 | 6 | 1 | 9 | 8 | 3 | 5 | 4 |
| 5 | 4 | 8 | 7 | 1 | 3 | 6 | 9 | 2 |
| 7 | 1 | 9 | 2 | 8 | 6 | 4 | 3 | 5 |
| 6 | 3 | 2 | 9 | 4 | 5 | 1 | 8 | 7 |

## 76

| 7 | 4 | 3 | 2 | 8 | 9 | 5 | 6 | 1 |
|---|---|---|---|---|---|---|---|---|
| 5 | 1 | 8 | 6 | 7 | 3 | 2 | 4 | 9 |
| 6 | 2 | 9 | 4 | 5 | 1 | 3 | 7 | 8 |
| 2 | 9 | 5 | 3 | 1 | 6 | 4 | 8 | 7 |
| 3 | 6 | 7 | 5 | 4 | 8 | 1 | 9 | 2 |
| 1 | 8 | 4 | 9 | 2 | 7 | 6 | 3 | 5 |
| 4 | 3 | 1 | 7 | 9 | 5 | 8 | 2 | 6 |
| 8 | 7 | 2 | 1 | 6 | 4 | 9 | 5 | 3 |
| 9 | 5 | 6 | 8 | 3 | 2 | 7 | 1 | 4 |

# Solutions

## 77

| 6 | 7 | 4 | 3 | 2 | 1 | 5 | 9 | 8 |
|---|---|---|---|---|---|---|---|---|
| 2 | 3 | 1 | 5 | 8 | 9 | 7 | 6 | 4 |
| 5 | 9 | 8 | 4 | 7 | 6 | 2 | 1 | 3 |
| 9 | 5 | 2 | 1 | 6 | 8 | 4 | 3 | 7 |
| 3 | 1 | 7 | 9 | 5 | 4 | 8 | 2 | 6 |
| 4 | 8 | 6 | 7 | 3 | 2 | 1 | 5 | 9 |
| 8 | 6 | 5 | 2 | 9 | 7 | 3 | 4 | 1 |
| 1 | 2 | 9 | 8 | 4 | 3 | 6 | 7 | 5 |
| 7 | 4 | 3 | 6 | 1 | 5 | 9 | 8 | 2 |

## 78

| 3 | 5 | 1 | 4 | 6 | 2 | 9 | 8 | 7 |
|---|---|---|---|---|---|---|---|---|
| 6 | 4 | 7 | 5 | 8 | 9 | 1 | 3 | 2 |
| 9 | 8 | 2 | 7 | 1 | 3 | 6 | 5 | 4 |
| 5 | 7 | 8 | 6 | 9 | 4 | 3 | 2 | 1 |
| 2 | 6 | 4 | 3 | 7 | 1 | 5 | 9 | 8 |
| 1 | 9 | 3 | 8 | 2 | 5 | 4 | 7 | 6 |
| 7 | 1 | 9 | 2 | 5 | 6 | 8 | 4 | 3 |
| 8 | 3 | 5 | 1 | 4 | 7 | 2 | 6 | 9 |
| 4 | 2 | 6 | 9 | 3 | 8 | 7 | 1 | 5 |

## 79

| 4 | 6 | 7 | 9 | 5 | 3 | 8 | 1 | 2 |
|---|---|---|---|---|---|---|---|---|
| 3 | 9 | 2 | 8 | 1 | 7 | 6 | 4 | 5 |
| 5 | 1 | 8 | 2 | 6 | 4 | 3 | 7 | 9 |
| 1 | 7 | 5 | 3 | 8 | 2 | 4 | 9 | 6 |
| 8 | 2 | 4 | 5 | 9 | 6 | 1 | 3 | 7 |
| 6 | 3 | 9 | 7 | 4 | 1 | 2 | 5 | 8 |
| 2 | 4 | 3 | 6 | 7 | 5 | 9 | 8 | 1 |
| 9 | 5 | 6 | 1 | 3 | 8 | 7 | 2 | 4 |
| 7 | 8 | 1 | 4 | 2 | 9 | 5 | 6 | 3 |

## 80

| 1 | 4 | 8 | 9 | 7 | 2 | 6 | 5 | 3 |
|---|---|---|---|---|---|---|---|---|
| 7 | 9 | 6 | 3 | 4 | 5 | 8 | 1 | 2 |
| 5 | 2 | 3 | 1 | 6 | 8 | 4 | 7 | 9 |
| 6 | 3 | 5 | 7 | 2 | 4 | 1 | 9 | 8 |
| 2 | 8 | 1 | 5 | 9 | 6 | 3 | 4 | 7 |
| 4 | 7 | 9 | 8 | 3 | 1 | 5 | 2 | 6 |
| 3 | 1 | 7 | 4 | 8 | 9 | 2 | 6 | 5 |
| 8 | 5 | 2 | 6 | 1 | 7 | 9 | 3 | 4 |
| 9 | 6 | 4 | 2 | 5 | 3 | 7 | 8 | 1 |

# Solutions

### 81

| 3 | 6 | 2 | 7 | 4 | 9 | 8 | 5 | 1 |
|---|---|---|---|---|---|---|---|---|
| 4 | 5 | 1 | 8 | 3 | 2 | 9 | 7 | 6 |
| 8 | 9 | 7 | 5 | 6 | 1 | 4 | 3 | 2 |
| 9 | 1 | 6 | 2 | 7 | 4 | 3 | 8 | 5 |
| 2 | 8 | 4 | 3 | 1 | 5 | 6 | 9 | 7 |
| 5 | 7 | 3 | 9 | 8 | 6 | 2 | 1 | 4 |
| 7 | 3 | 5 | 4 | 2 | 8 | 1 | 6 | 9 |
| 1 | 2 | 8 | 6 | 9 | 7 | 5 | 4 | 3 |
| 6 | 4 | 9 | 1 | 5 | 3 | 7 | 2 | 8 |

### 82

| 9 | 4 | 6 | 2 | 1 | 7 | 8 | 3 | 5 |
|---|---|---|---|---|---|---|---|---|
| 1 | 5 | 8 | 6 | 4 | 3 | 7 | 9 | 2 |
| 3 | 7 | 2 | 9 | 8 | 5 | 6 | 4 | 1 |
| 8 | 2 | 5 | 3 | 7 | 1 | 4 | 6 | 9 |
| 6 | 1 | 9 | 4 | 2 | 8 | 3 | 5 | 7 |
| 4 | 3 | 7 | 5 | 6 | 9 | 1 | 2 | 8 |
| 2 | 8 | 3 | 7 | 9 | 4 | 5 | 1 | 6 |
| 5 | 6 | 1 | 8 | 3 | 2 | 9 | 7 | 4 |
| 7 | 9 | 4 | 1 | 5 | 6 | 2 | 8 | 3 |

### 83

| 8 | 5 | 4 | 6 | 3 | 9 | 1 | 7 | 2 |
|---|---|---|---|---|---|---|---|---|
| 9 | 7 | 3 | 2 | 1 | 8 | 4 | 6 | 5 |
| 6 | 2 | 1 | 5 | 4 | 7 | 3 | 8 | 9 |
| 2 | 8 | 6 | 3 | 9 | 1 | 5 | 4 | 7 |
| 1 | 3 | 5 | 7 | 6 | 4 | 9 | 2 | 8 |
| 4 | 9 | 7 | 8 | 2 | 5 | 6 | 1 | 3 |
| 3 | 6 | 8 | 4 | 5 | 2 | 7 | 9 | 1 |
| 7 | 4 | 9 | 1 | 8 | 3 | 2 | 5 | 6 |
| 5 | 1 | 2 | 9 | 7 | 6 | 8 | 3 | 4 |

### 84

| 1 | 6 | 8 | 4 | 7 | 3 | 2 | 5 | 9 |
|---|---|---|---|---|---|---|---|---|
| 2 | 3 | 4 | 1 | 9 | 5 | 7 | 6 | 8 |
| 5 | 7 | 9 | 2 | 8 | 6 | 1 | 3 | 4 |
| 6 | 4 | 3 | 5 | 1 | 2 | 9 | 8 | 7 |
| 8 | 5 | 2 | 7 | 4 | 9 | 6 | 1 | 3 |
| 7 | 9 | 1 | 3 | 6 | 8 | 5 | 4 | 2 |
| 9 | 2 | 5 | 6 | 3 | 4 | 8 | 7 | 1 |
| 4 | 8 | 7 | 9 | 5 | 1 | 3 | 2 | 6 |
| 3 | 1 | 6 | 8 | 2 | 7 | 4 | 9 | 5 |

# Solutions

## 85

| 6 | 8 | 9 | 1 | 4 | 2 | 7 | 5 | 3 |
|---|---|---|---|---|---|---|---|---|
| 4 | 3 | 1 | 5 | 7 | 8 | 2 | 6 | 9 |
| 2 | 5 | 7 | 6 | 3 | 9 | 4 | 8 | 1 |
| 7 | 9 | 6 | 2 | 1 | 4 | 5 | 3 | 8 |
| 1 | 4 | 5 | 7 | 8 | 3 | 6 | 9 | 2 |
| 8 | 2 | 3 | 9 | 6 | 5 | 1 | 4 | 7 |
| 9 | 6 | 8 | 4 | 2 | 7 | 3 | 1 | 5 |
| 3 | 7 | 4 | 8 | 5 | 1 | 9 | 2 | 6 |
| 5 | 1 | 2 | 3 | 9 | 6 | 8 | 7 | 4 |

## 86

| 9 | 4 | 1 | 5 | 7 | 2 | 6 | 8 | 3 |
|---|---|---|---|---|---|---|---|---|
| 8 | 2 | 6 | 3 | 9 | 4 | 5 | 1 | 7 |
| 7 | 5 | 3 | 1 | 6 | 8 | 9 | 2 | 4 |
| 2 | 9 | 8 | 4 | 5 | 7 | 1 | 3 | 6 |
| 1 | 6 | 4 | 8 | 2 | 3 | 7 | 5 | 9 |
| 3 | 7 | 5 | 9 | 1 | 6 | 2 | 4 | 8 |
| 4 | 1 | 2 | 7 | 8 | 9 | 3 | 6 | 5 |
| 5 | 8 | 7 | 6 | 3 | 1 | 4 | 9 | 2 |
| 6 | 3 | 9 | 2 | 4 | 5 | 8 | 7 | 1 |

## 87

| 3 | 2 | 6 | 9 | 8 | 5 | 1 | 4 | 7 |
|---|---|---|---|---|---|---|---|---|
| 5 | 7 | 1 | 4 | 2 | 3 | 9 | 8 | 6 |
| 8 | 4 | 9 | 6 | 1 | 7 | 5 | 3 | 2 |
| 9 | 1 | 2 | 5 | 3 | 4 | 7 | 6 | 8 |
| 6 | 3 | 4 | 8 | 7 | 9 | 2 | 5 | 1 |
| 7 | 5 | 8 | 1 | 6 | 2 | 3 | 9 | 4 |
| 4 | 6 | 7 | 3 | 5 | 1 | 8 | 2 | 9 |
| 2 | 9 | 5 | 7 | 4 | 8 | 6 | 1 | 3 |
| 1 | 8 | 3 | 2 | 9 | 6 | 4 | 7 | 5 |

## 88

| 4 | 9 | 2 | 7 | 5 | 1 | 8 | 6 | 3 |
|---|---|---|---|---|---|---|---|---|
| 8 | 3 | 6 | 2 | 9 | 4 | 7 | 5 | 1 |
| 5 | 1 | 7 | 6 | 3 | 8 | 9 | 4 | 2 |
| 9 | 4 | 8 | 5 | 2 | 6 | 1 | 3 | 7 |
| 2 | 5 | 3 | 4 | 1 | 7 | 6 | 9 | 8 |
| 7 | 6 | 1 | 3 | 8 | 9 | 5 | 2 | 4 |
| 3 | 7 | 5 | 1 | 6 | 2 | 4 | 8 | 9 |
| 6 | 8 | 4 | 9 | 7 | 3 | 2 | 1 | 5 |
| 1 | 2 | 9 | 8 | 4 | 5 | 3 | 7 | 6 |

# Solutions

## 89

| 2 | 7 | 4 | 1 | 5 | 8 | 3 | 9 | 6 |
| 6 | 3 | 8 | 4 | 2 | 9 | 7 | 1 | 5 |
| 9 | 5 | 1 | 3 | 6 | 7 | 2 | 4 | 8 |
| 8 | 9 | 5 | 6 | 7 | 1 | 4 | 2 | 3 |
| 3 | 1 | 2 | 9 | 4 | 5 | 6 | 8 | 7 |
| 4 | 6 | 7 | 8 | 3 | 2 | 9 | 5 | 1 |
| 1 | 4 | 3 | 2 | 8 | 6 | 5 | 7 | 9 |
| 5 | 2 | 9 | 7 | 1 | 3 | 8 | 6 | 4 |
| 7 | 8 | 6 | 5 | 9 | 4 | 1 | 3 | 2 |

## 90

| 5 | 8 | 7 | 6 | 3 | 1 | 4 | 2 | 9 |
| 1 | 9 | 3 | 2 | 8 | 4 | 7 | 6 | 5 |
| 2 | 6 | 4 | 7 | 5 | 9 | 8 | 1 | 3 |
| 8 | 2 | 6 | 4 | 1 | 5 | 3 | 9 | 7 |
| 3 | 4 | 1 | 9 | 7 | 6 | 2 | 5 | 8 |
| 9 | 7 | 5 | 3 | 2 | 8 | 1 | 4 | 6 |
| 7 | 3 | 9 | 5 | 4 | 2 | 6 | 8 | 1 |
| 4 | 5 | 8 | 1 | 6 | 7 | 9 | 3 | 2 |
| 6 | 1 | 2 | 8 | 9 | 3 | 5 | 7 | 4 |

## 91

| 5 | 1 | 2 | 3 | 7 | 8 | 4 | 6 | 9 |
| 4 | 3 | 7 | 5 | 6 | 9 | 1 | 8 | 2 |
| 9 | 6 | 8 | 2 | 1 | 4 | 7 | 5 | 3 |
| 7 | 2 | 1 | 9 | 8 | 5 | 6 | 3 | 4 |
| 3 | 8 | 5 | 6 | 4 | 1 | 9 | 2 | 7 |
| 6 | 9 | 4 | 7 | 2 | 3 | 5 | 1 | 8 |
| 1 | 4 | 3 | 8 | 5 | 7 | 2 | 9 | 6 |
| 8 | 7 | 6 | 1 | 9 | 2 | 3 | 4 | 5 |
| 2 | 5 | 9 | 4 | 3 | 6 | 8 | 7 | 1 |

## 92

| 3 | 5 | 2 | 6 | 7 | 1 | 9 | 4 | 8 |
| 6 | 8 | 1 | 2 | 4 | 9 | 7 | 3 | 5 |
| 7 | 4 | 9 | 8 | 5 | 3 | 2 | 6 | 1 |
| 2 | 9 | 7 | 5 | 3 | 8 | 6 | 1 | 4 |
| 8 | 1 | 6 | 7 | 2 | 4 | 5 | 9 | 3 |
| 4 | 3 | 5 | 9 | 1 | 6 | 8 | 7 | 2 |
| 5 | 2 | 4 | 1 | 6 | 7 | 3 | 8 | 9 |
| 1 | 6 | 8 | 3 | 9 | 2 | 4 | 5 | 7 |
| 9 | 7 | 3 | 4 | 8 | 5 | 1 | 2 | 6 |

# Solutions

## 93

| 1 | 5 | 3 | 7 | 9 | 2 | 4 | 8 | 6 |
|---|---|---|---|---|---|---|---|---|
| 8 | 2 | 6 | 1 | 4 | 3 | 5 | 9 | 7 |
| 9 | 7 | 4 | 6 | 5 | 8 | 3 | 1 | 2 |
| 4 | 6 | 8 | 9 | 2 | 5 | 1 | 7 | 3 |
| 2 | 3 | 1 | 8 | 7 | 4 | 6 | 5 | 9 |
| 5 | 9 | 7 | 3 | 6 | 1 | 8 | 2 | 4 |
| 3 | 8 | 2 | 4 | 1 | 9 | 7 | 6 | 5 |
| 6 | 1 | 9 | 5 | 3 | 7 | 2 | 4 | 8 |
| 7 | 4 | 5 | 2 | 8 | 6 | 9 | 3 | 1 |

## 94

| 5 | 2 | 9 | 4 | 8 | 7 | 6 | 1 | 3 |
|---|---|---|---|---|---|---|---|---|
| 8 | 6 | 1 | 3 | 2 | 5 | 4 | 7 | 9 |
| 7 | 4 | 3 | 9 | 1 | 6 | 5 | 8 | 2 |
| 3 | 5 | 8 | 6 | 9 | 4 | 1 | 2 | 7 |
| 2 | 9 | 7 | 1 | 5 | 3 | 8 | 4 | 6 |
| 6 | 1 | 4 | 2 | 7 | 8 | 9 | 3 | 5 |
| 9 | 7 | 6 | 8 | 3 | 1 | 2 | 5 | 4 |
| 4 | 8 | 5 | 7 | 6 | 2 | 3 | 9 | 1 |
| 1 | 3 | 2 | 5 | 4 | 9 | 7 | 6 | 8 |

## 95

| 1 | 9 | 5 | 6 | 3 | 4 | 7 | 8 | 2 |
|---|---|---|---|---|---|---|---|---|
| 3 | 2 | 4 | 9 | 7 | 8 | 6 | 1 | 5 |
| 6 | 8 | 7 | 5 | 2 | 1 | 3 | 9 | 4 |
| 9 | 6 | 2 | 8 | 1 | 5 | 4 | 3 | 7 |
| 4 | 3 | 8 | 2 | 9 | 7 | 1 | 5 | 6 |
| 7 | 5 | 1 | 3 | 4 | 6 | 8 | 2 | 9 |
| 5 | 1 | 9 | 7 | 6 | 3 | 2 | 4 | 8 |
| 2 | 7 | 3 | 4 | 8 | 9 | 5 | 6 | 1 |
| 8 | 4 | 6 | 1 | 5 | 2 | 9 | 7 | 3 |

## 96

| 9 | 6 | 5 | 7 | 1 | 8 | 4 | 2 | 3 |
|---|---|---|---|---|---|---|---|---|
| 8 | 3 | 1 | 5 | 2 | 4 | 6 | 9 | 7 |
| 7 | 4 | 2 | 6 | 3 | 9 | 1 | 5 | 8 |
| 3 | 7 | 8 | 2 | 4 | 5 | 9 | 1 | 6 |
| 6 | 5 | 9 | 3 | 7 | 1 | 8 | 4 | 2 |
| 2 | 1 | 4 | 8 | 9 | 6 | 3 | 7 | 5 |
| 4 | 8 | 3 | 1 | 5 | 2 | 7 | 6 | 9 |
| 1 | 2 | 7 | 9 | 6 | 3 | 5 | 8 | 4 |
| 5 | 9 | 6 | 4 | 8 | 7 | 2 | 3 | 1 |

## Solutions

### 97

| | | | | | | | | |
|---|---|---|---|---|---|---|---|---|
| 5 | 7 | 9 | 2 | 1 | 6 | 4 | 8 | 3 |
| 6 | 4 | 1 | 3 | 8 | 7 | 9 | 5 | 2 |
| 3 | 8 | 2 | 4 | 9 | 5 | 6 | 1 | 7 |
| 2 | 5 | 8 | 7 | 4 | 3 | 1 | 6 | 9 |
| 9 | 6 | 3 | 1 | 2 | 8 | 7 | 4 | 5 |
| 4 | 1 | 7 | 5 | 6 | 9 | 2 | 3 | 8 |
| 1 | 9 | 4 | 8 | 5 | 2 | 3 | 7 | 6 |
| 7 | 2 | 5 | 6 | 3 | 1 | 8 | 9 | 4 |
| 8 | 3 | 6 | 9 | 7 | 4 | 5 | 2 | 1 |

### 98

| | | | | | | | | |
|---|---|---|---|---|---|---|---|---|
| 4 | 1 | 8 | 6 | 9 | 2 | 7 | 5 | 3 |
| 9 | 6 | 3 | 5 | 1 | 7 | 4 | 2 | 8 |
| 2 | 7 | 5 | 4 | 8 | 3 | 9 | 1 | 6 |
| 7 | 5 | 6 | 9 | 2 | 1 | 8 | 3 | 4 |
| 8 | 2 | 4 | 7 | 3 | 6 | 1 | 9 | 5 |
| 1 | 3 | 9 | 8 | 4 | 5 | 2 | 6 | 7 |
| 3 | 8 | 2 | 1 | 5 | 4 | 6 | 7 | 9 |
| 6 | 9 | 1 | 3 | 7 | 8 | 5 | 4 | 2 |
| 5 | 4 | 7 | 2 | 6 | 9 | 3 | 8 | 1 |

### 99

| | | | | | | | | |
|---|---|---|---|---|---|---|---|---|
| 1 | 3 | 7 | 5 | 8 | 6 | 4 | 2 | 9 |
| 9 | 5 | 6 | 4 | 2 | 3 | 8 | 7 | 1 |
| 8 | 4 | 2 | 7 | 9 | 1 | 3 | 6 | 5 |
| 6 | 9 | 3 | 1 | 5 | 7 | 2 | 8 | 4 |
| 5 | 2 | 8 | 6 | 4 | 9 | 1 | 3 | 7 |
| 7 | 1 | 4 | 2 | 3 | 8 | 5 | 9 | 6 |
| 3 | 6 | 9 | 8 | 1 | 4 | 7 | 5 | 2 |
| 2 | 7 | 1 | 3 | 6 | 5 | 9 | 4 | 8 |
| 4 | 8 | 5 | 9 | 7 | 2 | 6 | 1 | 3 |

### 100

| | | | | | | | | |
|---|---|---|---|---|---|---|---|---|
| 5 | 1 | 4 | 8 | 3 | 6 | 9 | 7 | 2 |
| 3 | 7 | 6 | 2 | 5 | 9 | 4 | 1 | 8 |
| 8 | 2 | 9 | 1 | 4 | 7 | 3 | 6 | 5 |
| 7 | 5 | 3 | 9 | 8 | 1 | 6 | 2 | 4 |
| 4 | 6 | 8 | 3 | 7 | 2 | 1 | 5 | 9 |
| 2 | 9 | 1 | 5 | 6 | 4 | 7 | 8 | 3 |
| 1 | 8 | 5 | 7 | 9 | 3 | 2 | 4 | 6 |
| 6 | 3 | 2 | 4 | 1 | 8 | 5 | 9 | 7 |
| 9 | 4 | 7 | 6 | 2 | 5 | 8 | 3 | 1 |

# Solutions

## 101

| 5 | 3 | 1 | 6 | 9 | 4 | 8 | 2 | 7 |
|---|---|---|---|---|---|---|---|---|
| 9 | 8 | 2 | 7 | 3 | 5 | 6 | 4 | 1 |
| 6 | 7 | 4 | 8 | 2 | 1 | 3 | 9 | 5 |
| 2 | 6 | 3 | 1 | 8 | 7 | 9 | 5 | 4 |
| 8 | 1 | 9 | 5 | 4 | 3 | 2 | 7 | 6 |
| 7 | 4 | 5 | 2 | 6 | 9 | 1 | 3 | 8 |
| 3 | 5 | 8 | 9 | 7 | 6 | 4 | 1 | 2 |
| 1 | 9 | 6 | 4 | 5 | 2 | 7 | 8 | 3 |
| 4 | 2 | 7 | 3 | 1 | 8 | 5 | 6 | 9 |

## 102

| 6 | 3 | 1 | 8 | 9 | 5 | 7 | 2 | 4 |
|---|---|---|---|---|---|---|---|---|
| 8 | 4 | 9 | 7 | 3 | 2 | 1 | 5 | 6 |
| 2 | 5 | 7 | 4 | 6 | 1 | 3 | 8 | 9 |
| 4 | 1 | 6 | 3 | 2 | 9 | 8 | 7 | 5 |
| 9 | 7 | 8 | 5 | 1 | 4 | 2 | 6 | 3 |
| 3 | 2 | 5 | 6 | 8 | 7 | 9 | 4 | 1 |
| 1 | 9 | 4 | 2 | 7 | 6 | 5 | 3 | 8 |
| 7 | 6 | 3 | 1 | 5 | 8 | 4 | 9 | 2 |
| 5 | 8 | 2 | 9 | 4 | 3 | 6 | 1 | 7 |

## 103

| 1 | 6 | 3 | 9 | 8 | 4 | 5 | 2 | 7 |
|---|---|---|---|---|---|---|---|---|
| 7 | 9 | 8 | 2 | 5 | 3 | 1 | 6 | 4 |
| 2 | 5 | 4 | 7 | 6 | 1 | 8 | 3 | 9 |
| 6 | 3 | 1 | 8 | 4 | 5 | 7 | 9 | 2 |
| 8 | 4 | 2 | 3 | 7 | 9 | 6 | 5 | 1 |
| 5 | 7 | 9 | 6 | 1 | 2 | 4 | 8 | 3 |
| 3 | 8 | 5 | 1 | 2 | 7 | 9 | 4 | 6 |
| 9 | 1 | 6 | 4 | 3 | 8 | 2 | 7 | 5 |
| 4 | 2 | 7 | 5 | 9 | 6 | 3 | 1 | 8 |

## 104

| 6 | 7 | 9 | 8 | 4 | 3 | 1 | 2 | 5 |
|---|---|---|---|---|---|---|---|---|
| 8 | 5 | 2 | 1 | 7 | 9 | 3 | 6 | 4 |
| 3 | 1 | 4 | 2 | 5 | 6 | 9 | 8 | 7 |
| 5 | 8 | 1 | 7 | 6 | 2 | 4 | 3 | 9 |
| 7 | 2 | 3 | 9 | 1 | 4 | 8 | 5 | 6 |
| 4 | 9 | 6 | 5 | 3 | 8 | 7 | 1 | 2 |
| 9 | 3 | 7 | 6 | 8 | 5 | 2 | 4 | 1 |
| 2 | 6 | 8 | 4 | 9 | 1 | 5 | 7 | 3 |
| 1 | 4 | 5 | 3 | 2 | 7 | 6 | 9 | 8 |

# Solutions

### 105

| 1 | 6 | 9 | 2 | 5 | 3 | 8 | 7 | 4 |
|---|---|---|---|---|---|---|---|---|
| 7 | 8 | 3 | 9 | 4 | 1 | 2 | 6 | 5 |
| 5 | 4 | 2 | 8 | 6 | 7 | 3 | 1 | 9 |
| 2 | 5 | 4 | 7 | 3 | 9 | 1 | 8 | 6 |
| 3 | 7 | 1 | 5 | 8 | 6 | 9 | 4 | 2 |
| 6 | 9 | 8 | 4 | 1 | 2 | 7 | 5 | 3 |
| 4 | 1 | 5 | 3 | 2 | 8 | 6 | 9 | 7 |
| 9 | 2 | 6 | 1 | 7 | 5 | 4 | 3 | 8 |
| 8 | 3 | 7 | 6 | 9 | 4 | 5 | 2 | 1 |

### 106

| 4 | 6 | 1 | 5 | 8 | 9 | 3 | 7 | 2 |
|---|---|---|---|---|---|---|---|---|
| 8 | 9 | 2 | 3 | 6 | 7 | 5 | 4 | 1 |
| 3 | 7 | 5 | 2 | 1 | 4 | 6 | 9 | 8 |
| 7 | 3 | 9 | 1 | 4 | 8 | 2 | 6 | 5 |
| 6 | 1 | 4 | 7 | 5 | 2 | 8 | 3 | 9 |
| 5 | 2 | 8 | 6 | 9 | 3 | 4 | 1 | 7 |
| 2 | 8 | 7 | 9 | 3 | 6 | 1 | 5 | 4 |
| 9 | 5 | 3 | 4 | 2 | 1 | 7 | 8 | 6 |
| 1 | 4 | 6 | 8 | 7 | 5 | 9 | 2 | 3 |

### 107

| 1 | 4 | 2 | 3 | 6 | 8 | 5 | 7 | 9 |
|---|---|---|---|---|---|---|---|---|
| 9 | 5 | 3 | 1 | 7 | 2 | 8 | 6 | 4 |
| 6 | 8 | 7 | 9 | 4 | 5 | 1 | 3 | 2 |
| 3 | 9 | 6 | 8 | 1 | 7 | 4 | 2 | 5 |
| 2 | 1 | 4 | 6 | 5 | 9 | 7 | 8 | 3 |
| 5 | 7 | 8 | 2 | 3 | 4 | 6 | 9 | 1 |
| 4 | 2 | 5 | 7 | 8 | 3 | 9 | 1 | 6 |
| 8 | 3 | 1 | 5 | 9 | 6 | 2 | 4 | 7 |
| 7 | 6 | 9 | 4 | 2 | 1 | 3 | 5 | 8 |

### 108

| 2 | 4 | 5 | 8 | 9 | 1 | 7 | 6 | 3 |
|---|---|---|---|---|---|---|---|---|
| 3 | 1 | 7 | 4 | 2 | 6 | 8 | 5 | 9 |
| 9 | 8 | 6 | 5 | 3 | 7 | 4 | 1 | 2 |
| 1 | 7 | 9 | 6 | 4 | 8 | 3 | 2 | 5 |
| 8 | 3 | 2 | 1 | 5 | 9 | 6 | 4 | 7 |
| 5 | 6 | 4 | 3 | 7 | 2 | 1 | 9 | 8 |
| 4 | 2 | 8 | 7 | 1 | 5 | 9 | 3 | 6 |
| 7 | 9 | 1 | 2 | 6 | 3 | 5 | 8 | 4 |
| 6 | 5 | 3 | 9 | 8 | 4 | 2 | 7 | 1 |

# Solutions

## 109

| 4 | 6 | 8 | 1 | 2 | 9 | 3 | 5 | 7 |
| 3 | 5 | 1 | 8 | 6 | 7 | 4 | 2 | 9 |
| 9 | 7 | 2 | 3 | 4 | 5 | 6 | 8 | 1 |
| 6 | 2 | 4 | 5 | 1 | 3 | 7 | 9 | 8 |
| 5 | 8 | 3 | 9 | 7 | 6 | 2 | 1 | 4 |
| 7 | 1 | 9 | 2 | 8 | 4 | 5 | 6 | 3 |
| 1 | 4 | 7 | 6 | 5 | 8 | 9 | 3 | 2 |
| 2 | 3 | 5 | 7 | 9 | 1 | 8 | 4 | 6 |
| 8 | 9 | 6 | 4 | 3 | 2 | 1 | 7 | 5 |

## 110

| 5 | 7 | 4 | 9 | 2 | 3 | 1 | 6 | 8 |
| 2 | 3 | 6 | 1 | 8 | 7 | 9 | 4 | 5 |
| 9 | 8 | 1 | 5 | 6 | 4 | 7 | 2 | 3 |
| 7 | 1 | 9 | 6 | 3 | 8 | 4 | 5 | 2 |
| 3 | 4 | 5 | 2 | 9 | 1 | 6 | 8 | 7 |
| 8 | 6 | 2 | 4 | 7 | 5 | 3 | 9 | 1 |
| 6 | 9 | 7 | 3 | 5 | 2 | 8 | 1 | 4 |
| 1 | 2 | 3 | 8 | 4 | 6 | 5 | 7 | 9 |
| 4 | 5 | 8 | 7 | 1 | 9 | 2 | 3 | 6 |

## 111

| 1 | 4 | 7 | 8 | 3 | 6 | 5 | 9 | 2 |
| 3 | 6 | 2 | 9 | 5 | 1 | 4 | 7 | 8 |
| 5 | 9 | 8 | 7 | 4 | 2 | 3 | 1 | 6 |
| 2 | 1 | 3 | 6 | 8 | 5 | 9 | 4 | 7 |
| 6 | 7 | 5 | 4 | 1 | 9 | 8 | 2 | 3 |
| 9 | 8 | 4 | 2 | 7 | 3 | 6 | 5 | 1 |
| 4 | 3 | 1 | 5 | 6 | 7 | 2 | 8 | 9 |
| 8 | 2 | 6 | 1 | 9 | 4 | 7 | 3 | 5 |
| 7 | 5 | 9 | 3 | 2 | 8 | 1 | 6 | 4 |

## 112

| 9 | 6 | 2 | 8 | 3 | 4 | 7 | 1 | 5 |
| 5 | 8 | 4 | 7 | 6 | 1 | 2 | 3 | 9 |
| 3 | 7 | 1 | 5 | 9 | 2 | 6 | 4 | 8 |
| 4 | 3 | 8 | 2 | 1 | 5 | 9 | 6 | 7 |
| 1 | 9 | 6 | 3 | 8 | 7 | 5 | 2 | 4 |
| 2 | 5 | 7 | 6 | 4 | 9 | 1 | 8 | 3 |
| 7 | 1 | 5 | 4 | 2 | 3 | 8 | 9 | 6 |
| 8 | 2 | 3 | 9 | 5 | 6 | 4 | 7 | 1 |
| 6 | 4 | 9 | 1 | 7 | 8 | 3 | 5 | 2 |

# Solutions

## 113

| 7 | 6 | 5 | 3 | 4 | 2 | 8 | 1 | 9 |
|---|---|---|---|---|---|---|---|---|
| 3 | 9 | 4 | 1 | 7 | 8 | 2 | 6 | 5 |
| 1 | 2 | 8 | 9 | 5 | 6 | 4 | 3 | 7 |
| 6 | 5 | 3 | 8 | 1 | 7 | 9 | 4 | 2 |
| 8 | 7 | 1 | 2 | 9 | 4 | 3 | 5 | 6 |
| 2 | 4 | 9 | 5 | 6 | 3 | 1 | 7 | 8 |
| 5 | 1 | 6 | 4 | 2 | 9 | 7 | 8 | 3 |
| 4 | 3 | 2 | 7 | 8 | 5 | 6 | 9 | 1 |
| 9 | 8 | 7 | 6 | 3 | 1 | 5 | 2 | 4 |

## 114

| 9 | 5 | 3 | 1 | 7 | 4 | 8 | 2 | 6 |
|---|---|---|---|---|---|---|---|---|
| 4 | 7 | 1 | 8 | 6 | 2 | 5 | 3 | 9 |
| 6 | 2 | 8 | 5 | 9 | 3 | 4 | 7 | 1 |
| 1 | 4 | 7 | 3 | 2 | 9 | 6 | 5 | 8 |
| 5 | 9 | 6 | 7 | 8 | 1 | 3 | 4 | 2 |
| 8 | 3 | 2 | 4 | 5 | 6 | 9 | 1 | 7 |
| 7 | 1 | 5 | 6 | 4 | 8 | 2 | 9 | 3 |
| 2 | 6 | 4 | 9 | 3 | 7 | 1 | 8 | 5 |
| 3 | 8 | 9 | 2 | 1 | 5 | 7 | 6 | 4 |

## 115

| 7 | 9 | 6 | 8 | 5 | 1 | 2 | 4 | 3 |
|---|---|---|---|---|---|---|---|---|
| 5 | 1 | 3 | 9 | 2 | 4 | 7 | 6 | 8 |
| 2 | 4 | 8 | 6 | 7 | 3 | 9 | 5 | 1 |
| 6 | 2 | 9 | 7 | 1 | 8 | 4 | 3 | 5 |
| 3 | 8 | 7 | 4 | 9 | 5 | 6 | 1 | 2 |
| 4 | 5 | 1 | 2 | 3 | 6 | 8 | 9 | 7 |
| 9 | 6 | 5 | 3 | 8 | 7 | 1 | 2 | 4 |
| 1 | 7 | 2 | 5 | 4 | 9 | 3 | 8 | 6 |
| 8 | 3 | 4 | 1 | 6 | 2 | 5 | 7 | 9 |

## 116

| 9 | 1 | 7 | 8 | 6 | 4 | 2 | 3 | 5 |
|---|---|---|---|---|---|---|---|---|
| 3 | 8 | 2 | 5 | 9 | 7 | 6 | 4 | 1 |
| 4 | 5 | 6 | 2 | 3 | 1 | 8 | 7 | 9 |
| 6 | 7 | 9 | 4 | 8 | 5 | 3 | 1 | 2 |
| 2 | 3 | 1 | 9 | 7 | 6 | 5 | 8 | 4 |
| 5 | 4 | 8 | 1 | 2 | 3 | 7 | 9 | 6 |
| 7 | 9 | 3 | 6 | 1 | 2 | 4 | 5 | 8 |
| 8 | 6 | 4 | 7 | 5 | 9 | 1 | 2 | 3 |
| 1 | 2 | 5 | 3 | 4 | 8 | 9 | 6 | 7 |

# Solutions

## 117

| 6 | 7 | 1 | 9 | 5 | 8 | 4 | 3 | 2 |
|---|---|---|---|---|---|---|---|---|
| 3 | 2 | 8 | 4 | 1 | 7 | 6 | 5 | 9 |
| 4 | 9 | 5 | 6 | 3 | 2 | 1 | 7 | 8 |
| 5 | 4 | 7 | 8 | 9 | 3 | 2 | 6 | 1 |
| 1 | 8 | 2 | 7 | 6 | 5 | 9 | 4 | 3 |
| 9 | 6 | 3 | 2 | 4 | 1 | 7 | 8 | 5 |
| 8 | 5 | 9 | 1 | 7 | 4 | 3 | 2 | 6 |
| 2 | 1 | 4 | 3 | 8 | 6 | 5 | 9 | 7 |
| 7 | 3 | 6 | 5 | 2 | 9 | 8 | 1 | 4 |

## 118

| 7 | 3 | 4 | 1 | 9 | 6 | 8 | 5 | 2 |
|---|---|---|---|---|---|---|---|---|
| 5 | 9 | 6 | 3 | 8 | 2 | 7 | 4 | 1 |
| 1 | 8 | 2 | 4 | 5 | 7 | 3 | 6 | 9 |
| 8 | 4 | 5 | 9 | 3 | 1 | 2 | 7 | 6 |
| 9 | 2 | 7 | 5 | 6 | 4 | 1 | 8 | 3 |
| 6 | 1 | 3 | 7 | 2 | 8 | 5 | 9 | 4 |
| 3 | 5 | 8 | 6 | 1 | 9 | 4 | 2 | 7 |
| 2 | 7 | 9 | 8 | 4 | 3 | 6 | 1 | 5 |
| 4 | 6 | 1 | 2 | 7 | 5 | 9 | 3 | 8 |

## 119

| 1 | 6 | 8 | 3 | 9 | 4 | 5 | 7 | 2 |
|---|---|---|---|---|---|---|---|---|
| 9 | 4 | 3 | 5 | 2 | 7 | 1 | 6 | 8 |
| 2 | 5 | 7 | 8 | 6 | 1 | 3 | 4 | 9 |
| 8 | 1 | 6 | 7 | 4 | 2 | 9 | 5 | 3 |
| 5 | 2 | 9 | 6 | 3 | 8 | 7 | 1 | 4 |
| 3 | 7 | 4 | 1 | 5 | 9 | 2 | 8 | 6 |
| 7 | 3 | 2 | 4 | 8 | 5 | 6 | 9 | 1 |
| 6 | 8 | 5 | 9 | 1 | 3 | 4 | 2 | 7 |
| 4 | 9 | 1 | 2 | 7 | 6 | 8 | 3 | 5 |

## 120

| 8 | 7 | 6 | 4 | 2 | 3 | 5 | 9 | 1 |
|---|---|---|---|---|---|---|---|---|
| 9 | 5 | 4 | 1 | 6 | 7 | 3 | 2 | 8 |
| 2 | 1 | 3 | 9 | 8 | 5 | 6 | 4 | 7 |
| 7 | 6 | 1 | 5 | 9 | 2 | 4 | 8 | 3 |
| 3 | 4 | 2 | 7 | 1 | 8 | 9 | 6 | 5 |
| 5 | 9 | 8 | 3 | 4 | 6 | 1 | 7 | 2 |
| 6 | 3 | 7 | 8 | 5 | 9 | 2 | 1 | 4 |
| 4 | 2 | 5 | 6 | 7 | 1 | 8 | 3 | 9 |
| 1 | 8 | 9 | 2 | 3 | 4 | 7 | 5 | 6 |

# Solutions

### 121

| 9 | 1 | 4 | 7 | 6 | 2 | 3 | 5 | 8 |
| 2 | 7 | 6 | 3 | 5 | 8 | 9 | 1 | 4 |
| 8 | 5 | 3 | 9 | 1 | 4 | 6 | 2 | 7 |
| 3 | 8 | 9 | 5 | 4 | 7 | 2 | 6 | 1 |
| 5 | 4 | 1 | 2 | 8 | 6 | 7 | 3 | 9 |
| 6 | 2 | 7 | 1 | 3 | 9 | 4 | 8 | 5 |
| 4 | 6 | 2 | 8 | 7 | 5 | 1 | 9 | 3 |
| 7 | 3 | 5 | 6 | 9 | 1 | 8 | 4 | 2 |
| 1 | 9 | 8 | 4 | 2 | 3 | 5 | 7 | 6 |

### 122

| 8 | 2 | 3 | 1 | 9 | 4 | 6 | 7 | 5 |
| 4 | 1 | 5 | 7 | 6 | 3 | 8 | 9 | 2 |
| 9 | 7 | 6 | 2 | 5 | 8 | 3 | 4 | 1 |
| 3 | 4 | 7 | 6 | 2 | 9 | 5 | 1 | 8 |
| 6 | 9 | 1 | 4 | 8 | 5 | 2 | 3 | 7 |
| 5 | 8 | 2 | 3 | 1 | 7 | 4 | 6 | 9 |
| 2 | 6 | 9 | 8 | 4 | 1 | 7 | 5 | 3 |
| 1 | 3 | 4 | 5 | 7 | 2 | 9 | 8 | 6 |
| 7 | 5 | 8 | 9 | 3 | 6 | 1 | 2 | 4 |

### 123

| 9 | 1 | 8 | 5 | 7 | 3 | 4 | 6 | 2 |
| 3 | 2 | 6 | 8 | 1 | 4 | 7 | 5 | 9 |
| 5 | 4 | 7 | 6 | 9 | 2 | 8 | 3 | 1 |
| 8 | 9 | 4 | 1 | 2 | 6 | 3 | 7 | 5 |
| 6 | 7 | 2 | 9 | 3 | 5 | 1 | 4 | 8 |
| 1 | 5 | 3 | 7 | 4 | 8 | 9 | 2 | 6 |
| 4 | 3 | 1 | 2 | 6 | 9 | 5 | 8 | 7 |
| 7 | 6 | 5 | 4 | 8 | 1 | 2 | 9 | 3 |
| 2 | 8 | 9 | 3 | 5 | 7 | 6 | 1 | 4 |

### 124

| 1 | 8 | 4 | 6 | 3 | 7 | 5 | 9 | 2 |
| 7 | 2 | 6 | 5 | 9 | 1 | 3 | 8 | 4 |
| 3 | 9 | 5 | 8 | 4 | 2 | 1 | 7 | 6 |
| 6 | 1 | 9 | 4 | 2 | 5 | 8 | 3 | 7 |
| 5 | 3 | 7 | 9 | 8 | 6 | 2 | 4 | 1 |
| 2 | 4 | 8 | 1 | 7 | 3 | 6 | 5 | 9 |
| 4 | 6 | 1 | 3 | 5 | 9 | 7 | 2 | 8 |
| 8 | 7 | 3 | 2 | 6 | 4 | 9 | 1 | 5 |
| 9 | 5 | 2 | 7 | 1 | 8 | 4 | 6 | 3 |

# Solutions

## 125

| 1 | 6 | 7 | 4 | 8 | 9 | 2 | 5 | 3 |
|---|---|---|---|---|---|---|---|---|
| 4 | 5 | 3 | 7 | 6 | 2 | 8 | 1 | 9 |
| 8 | 9 | 2 | 3 | 5 | 1 | 7 | 4 | 6 |
| 3 | 1 | 8 | 6 | 9 | 7 | 5 | 2 | 4 |
| 5 | 4 | 6 | 1 | 2 | 8 | 3 | 9 | 7 |
| 7 | 2 | 9 | 5 | 4 | 3 | 6 | 8 | 1 |
| 9 | 3 | 5 | 2 | 7 | 4 | 1 | 6 | 8 |
| 6 | 8 | 1 | 9 | 3 | 5 | 4 | 7 | 2 |
| 2 | 7 | 4 | 8 | 1 | 6 | 9 | 3 | 5 |

## 126

| 2 | 7 | 6 | 9 | 1 | 4 | 8 | 5 | 3 |
|---|---|---|---|---|---|---|---|---|
| 3 | 8 | 9 | 5 | 7 | 2 | 4 | 6 | 1 |
| 4 | 1 | 5 | 8 | 6 | 3 | 2 | 7 | 9 |
| 5 | 2 | 3 | 6 | 8 | 9 | 7 | 1 | 4 |
| 1 | 9 | 8 | 4 | 3 | 7 | 5 | 2 | 6 |
| 7 | 6 | 4 | 2 | 5 | 1 | 3 | 9 | 8 |
| 6 | 3 | 2 | 7 | 9 | 8 | 1 | 4 | 5 |
| 8 | 5 | 7 | 1 | 4 | 6 | 9 | 3 | 2 |
| 9 | 4 | 1 | 3 | 2 | 5 | 6 | 8 | 7 |

## 127

| 9 | 6 | 8 | 3 | 5 | 1 | 2 | 7 | 4 |
|---|---|---|---|---|---|---|---|---|
| 3 | 4 | 2 | 8 | 6 | 7 | 9 | 5 | 1 |
| 7 | 5 | 1 | 9 | 2 | 4 | 8 | 3 | 6 |
| 4 | 3 | 9 | 7 | 8 | 6 | 1 | 2 | 5 |
| 6 | 8 | 7 | 5 | 1 | 2 | 3 | 4 | 9 |
| 1 | 2 | 5 | 4 | 9 | 3 | 6 | 8 | 7 |
| 8 | 7 | 3 | 6 | 4 | 9 | 5 | 1 | 2 |
| 5 | 1 | 6 | 2 | 7 | 8 | 4 | 9 | 3 |
| 2 | 9 | 4 | 1 | 3 | 5 | 7 | 6 | 8 |

## 128

| 4 | 9 | 3 | 6 | 2 | 7 | 5 | 8 | 1 |
|---|---|---|---|---|---|---|---|---|
| 8 | 2 | 6 | 5 | 9 | 1 | 7 | 3 | 4 |
| 5 | 7 | 1 | 3 | 8 | 4 | 9 | 6 | 2 |
| 1 | 4 | 2 | 8 | 7 | 5 | 6 | 9 | 3 |
| 7 | 6 | 9 | 4 | 3 | 2 | 8 | 1 | 5 |
| 3 | 5 | 8 | 9 | 1 | 6 | 2 | 4 | 7 |
| 2 | 1 | 4 | 7 | 6 | 9 | 3 | 5 | 8 |
| 9 | 8 | 5 | 2 | 4 | 3 | 1 | 7 | 6 |
| 6 | 3 | 7 | 1 | 5 | 8 | 4 | 2 | 9 |

# Solutions

## 129

| 2 | 1 | 7 | 3 | 8 | 6 | 5 | 9 | 4 |
| 8 | 5 | 3 | 9 | 7 | 4 | 6 | 2 | 1 |
| 6 | 9 | 4 | 5 | 1 | 2 | 3 | 8 | 7 |
| 7 | 8 | 1 | 4 | 6 | 9 | 2 | 3 | 5 |
| 4 | 2 | 9 | 1 | 5 | 3 | 7 | 6 | 8 |
| 3 | 6 | 5 | 7 | 2 | 8 | 4 | 1 | 9 |
| 9 | 4 | 8 | 6 | 3 | 5 | 1 | 7 | 2 |
| 5 | 7 | 6 | 2 | 9 | 1 | 8 | 4 | 3 |
| 1 | 3 | 2 | 8 | 4 | 7 | 9 | 5 | 6 |

## 130

| 9 | 8 | 7 | 4 | 5 | 1 | 3 | 2 | 6 |
| 1 | 3 | 4 | 8 | 2 | 6 | 9 | 7 | 5 |
| 6 | 2 | 5 | 7 | 3 | 9 | 1 | 8 | 4 |
| 7 | 9 | 3 | 6 | 1 | 8 | 5 | 4 | 2 |
| 5 | 1 | 2 | 3 | 7 | 4 | 6 | 9 | 8 |
| 4 | 6 | 8 | 5 | 9 | 2 | 7 | 3 | 1 |
| 2 | 5 | 9 | 1 | 4 | 7 | 8 | 6 | 3 |
| 8 | 4 | 1 | 9 | 6 | 3 | 2 | 5 | 7 |
| 3 | 7 | 6 | 2 | 8 | 5 | 4 | 1 | 9 |

## 131

| 3 | 9 | 4 | 7 | 1 | 6 | 2 | 5 | 8 |
| 1 | 7 | 8 | 2 | 3 | 5 | 4 | 6 | 9 |
| 5 | 6 | 2 | 8 | 4 | 9 | 1 | 7 | 3 |
| 8 | 4 | 6 | 9 | 7 | 2 | 3 | 1 | 5 |
| 9 | 2 | 3 | 6 | 5 | 1 | 7 | 8 | 4 |
| 7 | 5 | 1 | 3 | 8 | 4 | 6 | 9 | 2 |
| 4 | 3 | 5 | 1 | 9 | 7 | 8 | 2 | 6 |
| 2 | 1 | 9 | 4 | 6 | 8 | 5 | 3 | 7 |
| 6 | 8 | 7 | 5 | 2 | 3 | 9 | 4 | 1 |

## 132

| 5 | 3 | 6 | 7 | 9 | 2 | 1 | 4 | 8 |
| 2 | 1 | 8 | 6 | 3 | 4 | 9 | 7 | 5 |
| 7 | 9 | 4 | 1 | 5 | 8 | 2 | 6 | 3 |
| 9 | 8 | 7 | 4 | 1 | 6 | 5 | 3 | 2 |
| 1 | 4 | 3 | 2 | 8 | 5 | 6 | 9 | 7 |
| 6 | 2 | 5 | 9 | 7 | 3 | 8 | 1 | 4 |
| 3 | 6 | 9 | 8 | 2 | 7 | 4 | 5 | 1 |
| 8 | 5 | 1 | 3 | 4 | 9 | 7 | 2 | 6 |
| 4 | 7 | 2 | 5 | 6 | 1 | 3 | 8 | 9 |

# Solutions

## 133

| 2 | 5 | 4 | 7 | 1 | 8 | 3 | 9 | 6 |
|---|---|---|---|---|---|---|---|---|
| 9 | 6 | 3 | 5 | 4 | 2 | 7 | 8 | 1 |
| 1 | 7 | 8 | 9 | 6 | 3 | 2 | 5 | 4 |
| 5 | 1 | 9 | 2 | 8 | 6 | 4 | 7 | 3 |
| 7 | 4 | 2 | 1 | 3 | 9 | 5 | 6 | 8 |
| 3 | 8 | 6 | 4 | 7 | 5 | 1 | 2 | 9 |
| 8 | 2 | 7 | 3 | 9 | 4 | 6 | 1 | 5 |
| 4 | 9 | 1 | 6 | 5 | 7 | 8 | 3 | 2 |
| 6 | 3 | 5 | 8 | 2 | 1 | 9 | 4 | 7 |

## 134

| 8 | 9 | 4 | 3 | 1 | 6 | 2 | 5 | 7 |
|---|---|---|---|---|---|---|---|---|
| 6 | 1 | 7 | 4 | 2 | 5 | 8 | 9 | 3 |
| 5 | 3 | 2 | 9 | 8 | 7 | 6 | 1 | 4 |
| 7 | 8 | 9 | 6 | 3 | 4 | 1 | 2 | 5 |
| 3 | 4 | 6 | 2 | 5 | 1 | 9 | 7 | 8 |
| 2 | 5 | 1 | 7 | 9 | 8 | 4 | 3 | 6 |
| 4 | 6 | 3 | 1 | 7 | 9 | 5 | 8 | 2 |
| 9 | 7 | 8 | 5 | 4 | 2 | 3 | 6 | 1 |
| 1 | 2 | 5 | 8 | 6 | 3 | 7 | 4 | 9 |

## 135

| 4 | 9 | 6 | 7 | 1 | 2 | 3 | 5 | 8 |
|---|---|---|---|---|---|---|---|---|
| 7 | 3 | 5 | 9 | 6 | 8 | 2 | 4 | 1 |
| 1 | 8 | 2 | 4 | 5 | 3 | 9 | 7 | 6 |
| 2 | 6 | 8 | 3 | 7 | 1 | 4 | 9 | 5 |
| 9 | 5 | 7 | 2 | 4 | 6 | 8 | 1 | 3 |
| 3 | 1 | 4 | 8 | 9 | 5 | 7 | 6 | 2 |
| 5 | 4 | 3 | 1 | 2 | 7 | 6 | 8 | 9 |
| 8 | 7 | 1 | 6 | 3 | 9 | 5 | 2 | 4 |
| 6 | 2 | 9 | 5 | 8 | 4 | 1 | 3 | 7 |

## 136

| 5 | 9 | 6 | 8 | 1 | 3 | 2 | 7 | 4 |
|---|---|---|---|---|---|---|---|---|
| 4 | 8 | 2 | 6 | 5 | 7 | 9 | 1 | 3 |
| 7 | 1 | 3 | 4 | 9 | 2 | 8 | 6 | 5 |
| 1 | 3 | 8 | 5 | 7 | 9 | 6 | 4 | 2 |
| 2 | 5 | 9 | 1 | 4 | 6 | 3 | 8 | 7 |
| 6 | 7 | 4 | 2 | 3 | 8 | 5 | 9 | 1 |
| 8 | 2 | 5 | 7 | 6 | 1 | 4 | 3 | 9 |
| 9 | 4 | 1 | 3 | 8 | 5 | 7 | 2 | 6 |
| 3 | 6 | 7 | 9 | 2 | 4 | 1 | 5 | 8 |

# Solutions

### 137

| 6 | 2 | 9 | 7 | 1 | 5 | 8 | 3 | 4 |
| 3 | 7 | 4 | 8 | 6 | 2 | 1 | 9 | 5 |
| 8 | 1 | 5 | 4 | 9 | 3 | 6 | 7 | 2 |
| 9 | 4 | 1 | 3 | 2 | 6 | 7 | 5 | 8 |
| 7 | 8 | 6 | 9 | 5 | 4 | 2 | 1 | 3 |
| 2 | 5 | 3 | 1 | 8 | 7 | 4 | 6 | 9 |
| 4 | 3 | 2 | 5 | 7 | 1 | 9 | 8 | 6 |
| 5 | 9 | 7 | 6 | 4 | 8 | 3 | 2 | 1 |
| 1 | 6 | 8 | 2 | 3 | 9 | 5 | 4 | 7 |

### 138

| 3 | 5 | 9 | 4 | 1 | 7 | 8 | 2 | 6 |
| 2 | 7 | 4 | 3 | 8 | 6 | 1 | 5 | 9 |
| 6 | 8 | 1 | 9 | 5 | 2 | 3 | 7 | 4 |
| 5 | 3 | 2 | 8 | 6 | 9 | 7 | 4 | 1 |
| 1 | 4 | 7 | 2 | 3 | 5 | 6 | 9 | 8 |
| 8 | 9 | 6 | 7 | 4 | 1 | 2 | 3 | 5 |
| 7 | 1 | 3 | 6 | 9 | 4 | 5 | 8 | 2 |
| 4 | 6 | 8 | 5 | 2 | 3 | 9 | 1 | 7 |
| 9 | 2 | 5 | 1 | 7 | 8 | 4 | 6 | 3 |

### 139

| 2 | 3 | 9 | 7 | 5 | 8 | 6 | 4 | 1 |
| 8 | 4 | 7 | 1 | 2 | 6 | 5 | 9 | 3 |
| 5 | 6 | 1 | 9 | 3 | 4 | 7 | 2 | 8 |
| 4 | 8 | 3 | 6 | 9 | 2 | 1 | 7 | 5 |
| 6 | 1 | 2 | 5 | 8 | 7 | 4 | 3 | 9 |
| 7 | 9 | 5 | 4 | 1 | 3 | 8 | 6 | 2 |
| 1 | 7 | 8 | 2 | 4 | 9 | 3 | 5 | 6 |
| 9 | 5 | 6 | 3 | 7 | 1 | 2 | 8 | 4 |
| 3 | 2 | 4 | 8 | 6 | 5 | 9 | 1 | 7 |

### 140

| 9 | 3 | 1 | 4 | 6 | 7 | 5 | 2 | 8 |
| 5 | 2 | 6 | 3 | 8 | 9 | 1 | 7 | 4 |
| 7 | 4 | 8 | 2 | 1 | 5 | 9 | 6 | 3 |
| 1 | 5 | 4 | 8 | 7 | 3 | 2 | 9 | 6 |
| 6 | 8 | 2 | 1 | 9 | 4 | 3 | 5 | 7 |
| 3 | 9 | 7 | 6 | 5 | 2 | 4 | 8 | 1 |
| 4 | 7 | 5 | 9 | 3 | 6 | 8 | 1 | 2 |
| 8 | 6 | 3 | 5 | 2 | 1 | 7 | 4 | 9 |
| 2 | 1 | 9 | 7 | 4 | 8 | 6 | 3 | 5 |

# Solutions

## 141

| 5 | 9 | 6 | 4 | 1 | 8 | 7 | 3 | 2 |
| 8 | 1 | 3 | 7 | 5 | 2 | 9 | 4 | 6 |
| 7 | 4 | 2 | 9 | 3 | 6 | 5 | 1 | 8 |
| 2 | 3 | 9 | 5 | 6 | 1 | 4 | 8 | 7 |
| 4 | 6 | 8 | 3 | 9 | 7 | 1 | 2 | 5 |
| 1 | 7 | 5 | 8 | 2 | 4 | 3 | 6 | 9 |
| 3 | 8 | 4 | 2 | 7 | 9 | 6 | 5 | 1 |
| 6 | 2 | 7 | 1 | 4 | 5 | 8 | 9 | 3 |
| 9 | 5 | 1 | 6 | 8 | 3 | 2 | 7 | 4 |

## 142

| 8 | 9 | 2 | 4 | 5 | 6 | 1 | 7 | 3 |
| 1 | 7 | 3 | 9 | 2 | 8 | 5 | 6 | 4 |
| 5 | 6 | 4 | 7 | 3 | 1 | 2 | 8 | 9 |
| 6 | 4 | 5 | 3 | 1 | 7 | 8 | 9 | 2 |
| 7 | 3 | 1 | 2 | 8 | 9 | 6 | 4 | 5 |
| 9 | 2 | 8 | 5 | 6 | 4 | 7 | 3 | 1 |
| 2 | 8 | 9 | 6 | 4 | 5 | 3 | 1 | 7 |
| 3 | 1 | 7 | 8 | 9 | 2 | 4 | 5 | 6 |
| 4 | 5 | 6 | 1 | 7 | 3 | 9 | 2 | 8 |

## 143

| 7 | 3 | 5 | 9 | 8 | 2 | 1 | 6 | 4 |
| 2 | 1 | 8 | 6 | 4 | 5 | 9 | 7 | 3 |
| 6 | 9 | 4 | 1 | 3 | 7 | 8 | 5 | 2 |
| 9 | 4 | 2 | 5 | 6 | 3 | 7 | 8 | 1 |
| 5 | 8 | 7 | 2 | 1 | 4 | 6 | 3 | 9 |
| 1 | 6 | 3 | 7 | 9 | 8 | 2 | 4 | 5 |
| 4 | 5 | 6 | 8 | 2 | 9 | 3 | 1 | 7 |
| 3 | 2 | 1 | 4 | 7 | 6 | 5 | 9 | 8 |
| 8 | 7 | 9 | 3 | 5 | 1 | 4 | 2 | 6 |

## 144

| 2 | 1 | 4 | 6 | 8 | 9 | 7 | 3 | 5 |
| 6 | 9 | 8 | 7 | 5 | 3 | 4 | 2 | 1 |
| 5 | 7 | 3 | 2 | 4 | 1 | 8 | 9 | 6 |
| 1 | 8 | 9 | 4 | 6 | 2 | 3 | 5 | 7 |
| 7 | 2 | 6 | 3 | 9 | 5 | 1 | 8 | 4 |
| 3 | 4 | 5 | 8 | 1 | 7 | 9 | 6 | 2 |
| 4 | 6 | 2 | 9 | 7 | 8 | 5 | 1 | 3 |
| 8 | 5 | 7 | 1 | 3 | 6 | 2 | 4 | 9 |
| 9 | 3 | 1 | 5 | 2 | 4 | 6 | 7 | 8 |

# Solutions

### 145

| 4 | 2 | 7 | 3 | 1 | 5 | 6 | 9 | 8 |
|---|---|---|---|---|---|---|---|---|
| 9 | 1 | 6 | 7 | 8 | 2 | 5 | 3 | 4 |
| 3 | 5 | 8 | 9 | 4 | 6 | 2 | 7 | 1 |
| 6 | 8 | 3 | 5 | 7 | 1 | 9 | 4 | 2 |
| 5 | 7 | 9 | 2 | 3 | 4 | 1 | 8 | 6 |
| 2 | 4 | 1 | 6 | 9 | 8 | 3 | 5 | 7 |
| 1 | 6 | 4 | 8 | 5 | 3 | 7 | 2 | 9 |
| 8 | 9 | 5 | 1 | 2 | 7 | 4 | 6 | 3 |
| 7 | 3 | 2 | 4 | 6 | 9 | 8 | 1 | 5 |

### 146

| 7 | 9 | 2 | 1 | 5 | 3 | 6 | 4 | 8 |
|---|---|---|---|---|---|---|---|---|
| 1 | 3 | 4 | 8 | 6 | 7 | 9 | 2 | 5 |
| 6 | 5 | 8 | 9 | 2 | 4 | 3 | 1 | 7 |
| 3 | 8 | 6 | 2 | 9 | 1 | 7 | 5 | 4 |
| 2 | 7 | 9 | 4 | 8 | 5 | 1 | 3 | 6 |
| 4 | 1 | 5 | 7 | 3 | 6 | 2 | 8 | 9 |
| 5 | 2 | 3 | 6 | 7 | 8 | 4 | 9 | 1 |
| 9 | 6 | 1 | 5 | 4 | 2 | 8 | 7 | 3 |
| 8 | 4 | 7 | 3 | 1 | 9 | 5 | 6 | 2 |

### 147

| 5 | 8 | 1 | 4 | 3 | 6 | 2 | 7 | 9 |
|---|---|---|---|---|---|---|---|---|
| 7 | 9 | 4 | 5 | 1 | 2 | 3 | 6 | 8 |
| 3 | 2 | 6 | 9 | 7 | 8 | 4 | 1 | 5 |
| 8 | 1 | 9 | 6 | 5 | 3 | 7 | 2 | 4 |
| 2 | 3 | 7 | 8 | 4 | 9 | 6 | 5 | 1 |
| 6 | 4 | 5 | 1 | 2 | 7 | 8 | 9 | 3 |
| 9 | 5 | 2 | 3 | 6 | 4 | 1 | 8 | 7 |
| 4 | 7 | 8 | 2 | 9 | 1 | 5 | 3 | 6 |
| 1 | 6 | 3 | 7 | 8 | 5 | 9 | 4 | 2 |

### 148

| 9 | 8 | 4 | 1 | 7 | 3 | 5 | 6 | 2 |
|---|---|---|---|---|---|---|---|---|
| 2 | 6 | 5 | 8 | 4 | 9 | 3 | 1 | 7 |
| 7 | 3 | 1 | 2 | 5 | 6 | 4 | 9 | 8 |
| 1 | 7 | 3 | 4 | 2 | 8 | 6 | 5 | 9 |
| 4 | 5 | 9 | 3 | 6 | 7 | 2 | 8 | 1 |
| 8 | 2 | 6 | 5 | 9 | 1 | 7 | 4 | 3 |
| 5 | 1 | 2 | 7 | 8 | 4 | 9 | 3 | 6 |
| 3 | 9 | 7 | 6 | 1 | 5 | 8 | 2 | 4 |
| 6 | 4 | 8 | 9 | 3 | 2 | 1 | 7 | 5 |

# Solutions

## 149

| 1 | 9 | 5 | 6 | 8 | 4 | 7 | 3 | 2 |
|---|---|---|---|---|---|---|---|---|
| 8 | 4 | 6 | 2 | 3 | 7 | 1 | 9 | 5 |
| 3 | 2 | 7 | 9 | 1 | 5 | 4 | 6 | 8 |
| 9 | 3 | 4 | 1 | 6 | 2 | 8 | 5 | 7 |
| 6 | 7 | 1 | 5 | 9 | 8 | 3 | 2 | 4 |
| 5 | 8 | 2 | 7 | 4 | 3 | 6 | 1 | 9 |
| 7 | 1 | 8 | 3 | 5 | 9 | 2 | 4 | 6 |
| 2 | 6 | 9 | 4 | 7 | 1 | 5 | 8 | 3 |
| 4 | 5 | 3 | 8 | 2 | 6 | 9 | 7 | 1 |

## 150

| 6 | 7 | 8 | 5 | 1 | 3 | 2 | 4 | 9 |
|---|---|---|---|---|---|---|---|---|
| 4 | 3 | 2 | 6 | 9 | 7 | 8 | 5 | 1 |
| 1 | 5 | 9 | 2 | 4 | 8 | 6 | 7 | 3 |
| 7 | 8 | 6 | 3 | 2 | 4 | 1 | 9 | 5 |
| 9 | 1 | 5 | 8 | 7 | 6 | 3 | 2 | 4 |
| 3 | 2 | 4 | 9 | 5 | 1 | 7 | 8 | 6 |
| 5 | 6 | 7 | 4 | 3 | 2 | 9 | 1 | 8 |
| 8 | 4 | 1 | 7 | 6 | 9 | 5 | 3 | 2 |
| 2 | 9 | 3 | 1 | 8 | 5 | 4 | 6 | 7 |

## 151

| 3 | 9 | 4 | 1 | 2 | 6 | 5 | 7 | 8 |
|---|---|---|---|---|---|---|---|---|
| 5 | 6 | 2 | 4 | 7 | 8 | 1 | 3 | 9 |
| 1 | 7 | 8 | 9 | 5 | 3 | 2 | 4 | 6 |
| 6 | 8 | 3 | 2 | 9 | 7 | 4 | 5 | 1 |
| 4 | 2 | 1 | 8 | 3 | 5 | 6 | 9 | 7 |
| 9 | 5 | 7 | 6 | 4 | 1 | 8 | 2 | 3 |
| 7 | 4 | 6 | 3 | 1 | 2 | 9 | 8 | 5 |
| 8 | 3 | 9 | 5 | 6 | 4 | 7 | 1 | 2 |
| 2 | 1 | 5 | 7 | 8 | 9 | 3 | 6 | 4 |

## 152

| 6 | 5 | 1 | 9 | 3 | 2 | 8 | 4 | 7 |
|---|---|---|---|---|---|---|---|---|
| 3 | 8 | 9 | 4 | 1 | 7 | 6 | 5 | 2 |
| 7 | 2 | 4 | 8 | 6 | 5 | 1 | 9 | 3 |
| 8 | 3 | 2 | 6 | 5 | 9 | 7 | 1 | 4 |
| 4 | 1 | 7 | 2 | 8 | 3 | 5 | 6 | 9 |
| 9 | 6 | 5 | 7 | 4 | 1 | 2 | 3 | 8 |
| 5 | 4 | 6 | 3 | 2 | 8 | 9 | 7 | 1 |
| 2 | 9 | 3 | 1 | 7 | 6 | 4 | 8 | 5 |
| 1 | 7 | 8 | 5 | 9 | 4 | 3 | 2 | 6 |

# Solutions

## 153

| 5 | 2 | 1 | 7 | 8 | 4 | 9 | 6 | 3 |
| 3 | 6 | 9 | 1 | 2 | 5 | 7 | 4 | 8 |
| 8 | 7 | 4 | 6 | 3 | 9 | 5 | 2 | 1 |
| 9 | 4 | 3 | 8 | 6 | 7 | 2 | 1 | 5 |
| 6 | 1 | 7 | 5 | 9 | 2 | 3 | 8 | 4 |
| 2 | 5 | 8 | 3 | 4 | 1 | 6 | 7 | 9 |
| 4 | 9 | 5 | 2 | 7 | 8 | 1 | 3 | 6 |
| 1 | 3 | 2 | 4 | 5 | 6 | 8 | 9 | 7 |
| 7 | 8 | 6 | 9 | 1 | 3 | 4 | 5 | 2 |

## 154

| 1 | 9 | 2 | 3 | 4 | 7 | 5 | 8 | 6 |
| 7 | 5 | 6 | 8 | 9 | 2 | 4 | 1 | 3 |
| 4 | 8 | 3 | 6 | 5 | 1 | 7 | 2 | 9 |
| 3 | 6 | 8 | 2 | 7 | 4 | 9 | 5 | 1 |
| 5 | 2 | 7 | 1 | 8 | 9 | 6 | 3 | 4 |
| 9 | 1 | 4 | 5 | 6 | 3 | 8 | 7 | 2 |
| 2 | 4 | 5 | 7 | 1 | 6 | 3 | 9 | 8 |
| 6 | 7 | 1 | 9 | 3 | 8 | 2 | 4 | 5 |
| 8 | 3 | 9 | 4 | 2 | 5 | 1 | 6 | 7 |

## 155

| 1 | 4 | 7 | 6 | 8 | 2 | 9 | 5 | 3 |
| 3 | 9 | 2 | 5 | 7 | 4 | 6 | 1 | 8 |
| 5 | 8 | 6 | 9 | 3 | 1 | 2 | 7 | 4 |
| 2 | 5 | 3 | 8 | 4 | 6 | 7 | 9 | 1 |
| 4 | 6 | 9 | 1 | 2 | 7 | 8 | 3 | 5 |
| 7 | 1 | 8 | 3 | 5 | 9 | 4 | 6 | 2 |
| 8 | 7 | 1 | 2 | 6 | 5 | 3 | 4 | 9 |
| 9 | 3 | 4 | 7 | 1 | 8 | 5 | 2 | 6 |
| 6 | 2 | 5 | 4 | 9 | 3 | 1 | 8 | 7 |

## 156

| 1 | 2 | 3 | 7 | 4 | 8 | 6 | 9 | 5 |
| 4 | 7 | 6 | 5 | 1 | 9 | 3 | 8 | 2 |
| 8 | 9 | 5 | 3 | 2 | 6 | 1 | 7 | 4 |
| 7 | 1 | 4 | 8 | 3 | 2 | 5 | 6 | 9 |
| 2 | 3 | 8 | 6 | 9 | 5 | 7 | 4 | 1 |
| 5 | 6 | 9 | 1 | 7 | 4 | 2 | 3 | 8 |
| 6 | 4 | 1 | 2 | 8 | 3 | 9 | 5 | 7 |
| 3 | 8 | 7 | 9 | 5 | 1 | 4 | 2 | 6 |
| 9 | 5 | 2 | 4 | 6 | 7 | 8 | 1 | 3 |

# Solutions

## 157

| 8 | 9 | 7 | 5 | 2 | 3 | 4 | 1 | 6 |
|---|---|---|---|---|---|---|---|---|
| 6 | 4 | 2 | 1 | 9 | 7 | 8 | 5 | 3 |
| 1 | 5 | 3 | 6 | 4 | 8 | 2 | 9 | 7 |
| 4 | 7 | 6 | 2 | 3 | 5 | 1 | 8 | 9 |
| 2 | 3 | 5 | 9 | 8 | 1 | 6 | 7 | 4 |
| 9 | 8 | 1 | 7 | 6 | 4 | 5 | 3 | 2 |
| 3 | 6 | 4 | 8 | 1 | 9 | 7 | 2 | 5 |
| 5 | 2 | 8 | 3 | 7 | 6 | 9 | 4 | 1 |
| 7 | 1 | 9 | 4 | 5 | 2 | 3 | 6 | 8 |

## 158

| 8 | 4 | 7 | 3 | 5 | 9 | 1 | 6 | 2 |
|---|---|---|---|---|---|---|---|---|
| 2 | 1 | 9 | 6 | 4 | 7 | 5 | 8 | 3 |
| 6 | 3 | 5 | 1 | 2 | 8 | 9 | 7 | 4 |
| 5 | 9 | 8 | 7 | 3 | 4 | 6 | 2 | 1 |
| 7 | 6 | 4 | 2 | 8 | 1 | 3 | 5 | 9 |
| 1 | 2 | 3 | 9 | 6 | 5 | 8 | 4 | 7 |
| 3 | 8 | 2 | 4 | 9 | 6 | 7 | 1 | 5 |
| 4 | 7 | 6 | 5 | 1 | 3 | 2 | 9 | 8 |
| 9 | 5 | 1 | 8 | 7 | 2 | 4 | 3 | 6 |

## 159

| 1 | 4 | 9 | 7 | 8 | 2 | 6 | 3 | 5 |
|---|---|---|---|---|---|---|---|---|
| 7 | 3 | 8 | 9 | 5 | 6 | 1 | 4 | 2 |
| 6 | 5 | 2 | 4 | 1 | 3 | 8 | 7 | 9 |
| 2 | 1 | 5 | 8 | 9 | 7 | 3 | 6 | 4 |
| 4 | 7 | 6 | 2 | 3 | 5 | 9 | 1 | 8 |
| 9 | 8 | 3 | 1 | 6 | 4 | 2 | 5 | 7 |
| 3 | 9 | 4 | 6 | 7 | 8 | 5 | 2 | 1 |
| 8 | 6 | 7 | 5 | 2 | 1 | 4 | 9 | 3 |
| 5 | 2 | 1 | 3 | 4 | 9 | 7 | 8 | 6 |

## 160

| 3 | 2 | 1 | 5 | 6 | 8 | 7 | 4 | 9 |
|---|---|---|---|---|---|---|---|---|
| 8 | 5 | 6 | 9 | 7 | 4 | 1 | 3 | 2 |
| 4 | 9 | 7 | 2 | 1 | 3 | 6 | 8 | 5 |
| 9 | 1 | 3 | 6 | 8 | 2 | 4 | 5 | 7 |
| 5 | 7 | 4 | 1 | 3 | 9 | 8 | 2 | 6 |
| 2 | 6 | 8 | 7 | 4 | 5 | 3 | 9 | 1 |
| 6 | 4 | 5 | 3 | 9 | 7 | 2 | 1 | 8 |
| 7 | 3 | 9 | 8 | 2 | 1 | 5 | 6 | 4 |
| 1 | 8 | 2 | 4 | 5 | 6 | 9 | 7 | 3 |

# Solutions

### 161

| | | | | | | | | |
|---|---|---|---|---|---|---|---|---|
| 4 | 9 | 5 | 7 | 2 | 8 | 1 | 6 | 3 |
| 6 | 2 | 7 | 1 | 4 | 3 | 8 | 5 | 9 |
| 3 | 8 | 1 | 6 | 9 | 5 | 2 | 4 | 7 |
| 9 | 1 | 3 | 4 | 5 | 7 | 6 | 8 | 2 |
| 5 | 7 | 4 | 2 | 8 | 6 | 3 | 9 | 1 |
| 8 | 6 | 2 | 9 | 3 | 1 | 5 | 7 | 4 |
| 1 | 5 | 6 | 3 | 7 | 9 | 4 | 2 | 8 |
| 7 | 4 | 8 | 5 | 1 | 2 | 9 | 3 | 6 |
| 2 | 3 | 9 | 8 | 6 | 4 | 7 | 1 | 5 |

### 162

| | | | | | | | | |
|---|---|---|---|---|---|---|---|---|
| 8 | 5 | 1 | 9 | 2 | 6 | 4 | 7 | 3 |
| 6 | 7 | 2 | 1 | 3 | 4 | 5 | 8 | 9 |
| 4 | 3 | 9 | 8 | 5 | 7 | 6 | 1 | 2 |
| 2 | 1 | 5 | 6 | 4 | 3 | 8 | 9 | 7 |
| 9 | 8 | 3 | 5 | 7 | 1 | 2 | 6 | 4 |
| 7 | 4 | 6 | 2 | 9 | 8 | 1 | 3 | 5 |
| 1 | 9 | 4 | 7 | 6 | 5 | 3 | 2 | 8 |
| 3 | 2 | 8 | 4 | 1 | 9 | 7 | 5 | 6 |
| 5 | 6 | 7 | 3 | 8 | 2 | 9 | 4 | 1 |

### 163

| | | | | | | | | |
|---|---|---|---|---|---|---|---|---|
| 4 | 1 | 2 | 5 | 9 | 6 | 3 | 8 | 7 |
| 9 | 3 | 6 | 7 | 4 | 8 | 1 | 2 | 5 |
| 5 | 7 | 8 | 1 | 3 | 2 | 6 | 4 | 9 |
| 8 | 4 | 7 | 6 | 2 | 5 | 9 | 3 | 1 |
| 2 | 9 | 3 | 4 | 7 | 1 | 5 | 6 | 8 |
| 6 | 5 | 1 | 3 | 8 | 9 | 2 | 7 | 4 |
| 7 | 6 | 4 | 9 | 5 | 3 | 8 | 1 | 2 |
| 3 | 8 | 9 | 2 | 1 | 7 | 4 | 5 | 6 |
| 1 | 2 | 5 | 8 | 6 | 4 | 7 | 9 | 3 |

### 164

| | | | | | | | | |
|---|---|---|---|---|---|---|---|---|
| 7 | 2 | 6 | 1 | 5 | 9 | 4 | 8 | 3 |
| 5 | 1 | 8 | 6 | 3 | 4 | 7 | 2 | 9 |
| 3 | 4 | 9 | 8 | 2 | 7 | 5 | 1 | 6 |
| 6 | 8 | 7 | 9 | 1 | 5 | 3 | 4 | 2 |
| 1 | 9 | 5 | 3 | 4 | 2 | 8 | 6 | 7 |
| 2 | 3 | 4 | 7 | 8 | 6 | 9 | 5 | 1 |
| 9 | 6 | 1 | 5 | 7 | 8 | 2 | 3 | 4 |
| 8 | 7 | 2 | 4 | 6 | 3 | 1 | 9 | 5 |
| 4 | 5 | 3 | 2 | 9 | 1 | 6 | 7 | 8 |

# Solutions

## 165

| 8 | 6 | 2 | 7 | 9 | 1 | 5 | 3 | 4 |
|---|---|---|---|---|---|---|---|---|
| 3 | 4 | 9 | 6 | 5 | 8 | 1 | 2 | 7 |
| 1 | 7 | 5 | 4 | 2 | 3 | 8 | 6 | 9 |
| 5 | 8 | 4 | 9 | 3 | 7 | 6 | 1 | 2 |
| 2 | 9 | 6 | 5 | 1 | 4 | 7 | 8 | 3 |
| 7 | 1 | 3 | 2 | 8 | 6 | 4 | 9 | 5 |
| 6 | 5 | 1 | 3 | 4 | 9 | 2 | 7 | 8 |
| 4 | 3 | 8 | 1 | 7 | 2 | 9 | 5 | 6 |
| 9 | 2 | 7 | 8 | 6 | 5 | 3 | 4 | 1 |

## 166

| 6 | 2 | 5 | 3 | 9 | 7 | 1 | 4 | 8 |
|---|---|---|---|---|---|---|---|---|
| 3 | 7 | 4 | 8 | 1 | 6 | 2 | 5 | 9 |
| 1 | 9 | 8 | 2 | 5 | 4 | 7 | 3 | 6 |
| 4 | 3 | 9 | 6 | 7 | 1 | 5 | 8 | 2 |
| 5 | 6 | 2 | 4 | 8 | 9 | 3 | 7 | 1 |
| 7 | 8 | 1 | 5 | 2 | 3 | 6 | 9 | 4 |
| 9 | 5 | 7 | 1 | 6 | 8 | 4 | 2 | 3 |
| 2 | 1 | 3 | 9 | 4 | 5 | 8 | 6 | 7 |
| 8 | 4 | 6 | 7 | 3 | 2 | 9 | 1 | 5 |

## 167

| 5 | 8 | 7 | 6 | 9 | 1 | 2 | 4 | 3 |
|---|---|---|---|---|---|---|---|---|
| 9 | 6 | 4 | 2 | 5 | 3 | 7 | 1 | 8 |
| 1 | 3 | 2 | 4 | 7 | 8 | 9 | 6 | 5 |
| 4 | 7 | 1 | 5 | 3 | 2 | 8 | 9 | 6 |
| 6 | 9 | 8 | 7 | 1 | 4 | 3 | 5 | 2 |
| 2 | 5 | 3 | 8 | 6 | 9 | 1 | 7 | 4 |
| 7 | 4 | 9 | 3 | 8 | 6 | 5 | 2 | 1 |
| 3 | 1 | 6 | 9 | 2 | 5 | 4 | 8 | 7 |
| 8 | 2 | 5 | 1 | 4 | 7 | 6 | 3 | 9 |

## 168

| 8 | 5 | 3 | 4 | 6 | 7 | 2 | 1 | 9 |
|---|---|---|---|---|---|---|---|---|
| 9 | 6 | 7 | 1 | 2 | 3 | 4 | 5 | 8 |
| 4 | 2 | 1 | 5 | 9 | 8 | 7 | 3 | 6 |
| 6 | 9 | 5 | 2 | 8 | 1 | 3 | 7 | 4 |
| 7 | 4 | 2 | 3 | 5 | 6 | 9 | 8 | 1 |
| 3 | 1 | 8 | 7 | 4 | 9 | 6 | 2 | 5 |
| 2 | 3 | 6 | 8 | 1 | 4 | 5 | 9 | 7 |
| 1 | 7 | 9 | 6 | 3 | 5 | 8 | 4 | 2 |
| 5 | 8 | 4 | 9 | 7 | 2 | 1 | 6 | 3 |

# Solutions

### 169

| 2 | 4 | 5 | 7 | 8 | 6 | 9 | 3 | 1 |
| 8 | 9 | 1 | 4 | 3 | 5 | 2 | 7 | 6 |
| 3 | 7 | 6 | 9 | 2 | 1 | 4 | 5 | 8 |
| 5 | 1 | 9 | 3 | 6 | 7 | 8 | 2 | 4 |
| 7 | 2 | 3 | 8 | 1 | 4 | 5 | 6 | 9 |
| 4 | 6 | 8 | 2 | 5 | 9 | 3 | 1 | 7 |
| 9 | 3 | 2 | 6 | 7 | 8 | 1 | 4 | 5 |
| 1 | 8 | 7 | 5 | 4 | 2 | 6 | 9 | 3 |
| 6 | 5 | 4 | 1 | 9 | 3 | 7 | 8 | 2 |

### 170

| 3 | 8 | 9 | 5 | 7 | 4 | 1 | 6 | 2 |
| 6 | 2 | 1 | 9 | 3 | 8 | 4 | 5 | 7 |
| 7 | 4 | 5 | 6 | 2 | 1 | 9 | 3 | 8 |
| 4 | 5 | 7 | 2 | 1 | 6 | 3 | 8 | 9 |
| 8 | 9 | 3 | 7 | 4 | 5 | 6 | 2 | 1 |
| 2 | 1 | 6 | 3 | 8 | 9 | 5 | 7 | 4 |
| 1 | 6 | 2 | 8 | 9 | 3 | 7 | 4 | 5 |
| 5 | 7 | 4 | 1 | 6 | 2 | 8 | 9 | 3 |
| 9 | 3 | 8 | 4 | 5 | 7 | 2 | 1 | 6 |

### 171

| 4 | 3 | 1 | 6 | 9 | 7 | 5 | 8 | 2 |
| 6 | 9 | 7 | 8 | 2 | 5 | 1 | 3 | 4 |
| 2 | 5 | 8 | 1 | 4 | 3 | 6 | 9 | 7 |
| 1 | 8 | 4 | 5 | 3 | 2 | 9 | 7 | 6 |
| 3 | 7 | 5 | 9 | 1 | 6 | 4 | 2 | 8 |
| 9 | 6 | 2 | 7 | 8 | 4 | 3 | 5 | 1 |
| 8 | 1 | 6 | 2 | 5 | 9 | 7 | 4 | 3 |
| 5 | 2 | 3 | 4 | 7 | 1 | 8 | 6 | 9 |
| 7 | 4 | 9 | 3 | 6 | 8 | 2 | 1 | 5 |

### 172

| 7 | 9 | 4 | 1 | 5 | 6 | 8 | 3 | 2 |
| 6 | 1 | 5 | 3 | 8 | 2 | 7 | 9 | 4 |
| 3 | 2 | 8 | 4 | 9 | 7 | 5 | 1 | 6 |
| 9 | 4 | 7 | 8 | 1 | 3 | 6 | 2 | 5 |
| 5 | 8 | 2 | 7 | 6 | 9 | 1 | 4 | 3 |
| 1 | 3 | 6 | 5 | 2 | 4 | 9 | 7 | 8 |
| 8 | 6 | 3 | 2 | 7 | 1 | 4 | 5 | 9 |
| 2 | 7 | 9 | 6 | 4 | 5 | 3 | 8 | 1 |
| 4 | 5 | 1 | 9 | 3 | 8 | 2 | 6 | 7 |

# Solutions

## 173

| 3 | 7 | 2 | 8 | 6 | 9 | 1 | 5 | 4 |
|---|---|---|---|---|---|---|---|---|
| 9 | 5 | 6 | 4 | 2 | 1 | 8 | 7 | 3 |
| 1 | 8 | 4 | 7 | 3 | 5 | 6 | 9 | 2 |
| 5 | 6 | 7 | 9 | 4 | 3 | 2 | 1 | 8 |
| 4 | 9 | 3 | 1 | 8 | 2 | 5 | 6 | 7 |
| 8 | 2 | 1 | 5 | 7 | 6 | 3 | 4 | 9 |
| 7 | 3 | 9 | 6 | 1 | 8 | 4 | 2 | 5 |
| 6 | 4 | 8 | 2 | 5 | 7 | 9 | 3 | 1 |
| 2 | 1 | 5 | 3 | 9 | 4 | 7 | 8 | 6 |

## 174

| 6 | 8 | 9 | 3 | 1 | 4 | 7 | 2 | 5 |
|---|---|---|---|---|---|---|---|---|
| 5 | 3 | 2 | 9 | 8 | 7 | 6 | 1 | 4 |
| 1 | 7 | 4 | 5 | 2 | 6 | 9 | 8 | 3 |
| 7 | 6 | 8 | 4 | 5 | 3 | 1 | 9 | 2 |
| 4 | 2 | 5 | 1 | 9 | 8 | 3 | 6 | 7 |
| 3 | 9 | 1 | 7 | 6 | 2 | 4 | 5 | 8 |
| 9 | 4 | 6 | 8 | 3 | 5 | 2 | 7 | 1 |
| 2 | 5 | 3 | 6 | 7 | 1 | 8 | 4 | 9 |
| 8 | 1 | 7 | 2 | 4 | 9 | 5 | 3 | 6 |

## 175

| 7 | 5 | 9 | 8 | 2 | 6 | 4 | 3 | 1 |
|---|---|---|---|---|---|---|---|---|
| 4 | 2 | 8 | 1 | 3 | 5 | 6 | 7 | 9 |
| 3 | 6 | 1 | 7 | 9 | 4 | 2 | 8 | 5 |
| 6 | 9 | 2 | 3 | 4 | 1 | 7 | 5 | 8 |
| 1 | 8 | 7 | 9 | 5 | 2 | 3 | 6 | 4 |
| 5 | 3 | 4 | 6 | 8 | 7 | 9 | 1 | 2 |
| 9 | 4 | 6 | 5 | 1 | 3 | 8 | 2 | 7 |
| 8 | 1 | 3 | 2 | 7 | 9 | 5 | 4 | 6 |
| 2 | 7 | 5 | 4 | 6 | 8 | 1 | 9 | 3 |

## 176

| 8 | 3 | 2 | 9 | 5 | 7 | 4 | 1 | 6 |
|---|---|---|---|---|---|---|---|---|
| 7 | 4 | 9 | 3 | 1 | 6 | 5 | 8 | 2 |
| 1 | 5 | 6 | 4 | 8 | 2 | 7 | 3 | 9 |
| 6 | 2 | 4 | 5 | 7 | 3 | 8 | 9 | 1 |
| 9 | 1 | 3 | 2 | 4 | 8 | 6 | 5 | 7 |
| 5 | 8 | 7 | 6 | 9 | 1 | 2 | 4 | 3 |
| 2 | 6 | 1 | 8 | 3 | 5 | 9 | 7 | 4 |
| 4 | 7 | 8 | 1 | 2 | 9 | 3 | 6 | 5 |
| 3 | 9 | 5 | 7 | 6 | 4 | 1 | 2 | 8 |

# Solutions

## 177

| 1 | 6 | 3 | 9 | 2 | 7 | 8 | 5 | 4 |
| 2 | 9 | 5 | 3 | 4 | 8 | 1 | 6 | 7 |
| 4 | 8 | 7 | 5 | 6 | 1 | 2 | 9 | 3 |
| 6 | 4 | 8 | 1 | 5 | 3 | 7 | 2 | 9 |
| 9 | 7 | 2 | 4 | 8 | 6 | 5 | 3 | 1 |
| 3 | 5 | 1 | 7 | 9 | 2 | 4 | 8 | 6 |
| 7 | 3 | 9 | 2 | 1 | 5 | 6 | 4 | 8 |
| 5 | 1 | 6 | 8 | 3 | 4 | 9 | 7 | 2 |
| 8 | 2 | 4 | 6 | 7 | 9 | 3 | 1 | 5 |

## 178

| 7 | 6 | 4 | 3 | 9 | 8 | 1 | 5 | 2 |
| 2 | 5 | 3 | 1 | 6 | 4 | 7 | 8 | 9 |
| 8 | 1 | 9 | 7 | 2 | 5 | 4 | 3 | 6 |
| 3 | 4 | 1 | 9 | 8 | 2 | 6 | 7 | 5 |
| 5 | 8 | 2 | 6 | 7 | 3 | 9 | 1 | 4 |
| 6 | 9 | 7 | 5 | 4 | 1 | 8 | 2 | 3 |
| 1 | 2 | 6 | 4 | 3 | 7 | 5 | 9 | 8 |
| 4 | 7 | 8 | 2 | 5 | 9 | 3 | 6 | 1 |
| 9 | 3 | 5 | 8 | 1 | 6 | 2 | 4 | 7 |

## 179

| 7 | 3 | 2 | 4 | 5 | 8 | 1 | 9 | 6 |
| 4 | 8 | 6 | 1 | 9 | 2 | 5 | 3 | 7 |
| 5 | 1 | 9 | 3 | 6 | 7 | 4 | 2 | 8 |
| 2 | 5 | 4 | 7 | 3 | 9 | 8 | 6 | 1 |
| 8 | 6 | 1 | 2 | 4 | 5 | 9 | 7 | 3 |
| 3 | 9 | 7 | 8 | 1 | 6 | 2 | 4 | 5 |
| 9 | 4 | 3 | 5 | 7 | 1 | 6 | 8 | 2 |
| 6 | 2 | 5 | 9 | 8 | 3 | 7 | 1 | 4 |
| 1 | 7 | 8 | 6 | 2 | 4 | 3 | 5 | 9 |

## 180

| 8 | 5 | 7 | 9 | 3 | 2 | 4 | 1 | 6 |
| 6 | 1 | 9 | 5 | 7 | 4 | 2 | 8 | 3 |
| 4 | 3 | 2 | 8 | 6 | 1 | 5 | 9 | 7 |
| 9 | 6 | 8 | 4 | 2 | 5 | 3 | 7 | 1 |
| 3 | 2 | 5 | 6 | 1 | 7 | 8 | 4 | 9 |
| 1 | 7 | 4 | 3 | 9 | 8 | 6 | 5 | 2 |
| 2 | 4 | 3 | 7 | 8 | 9 | 1 | 6 | 5 |
| 7 | 8 | 6 | 1 | 5 | 3 | 9 | 2 | 4 |
| 5 | 9 | 1 | 2 | 4 | 6 | 7 | 3 | 8 |

# Solutions

## 181

| 8 | 4 | 1 | 7 | 2 | 5 | 6 | 3 | 9 |
|---|---|---|---|---|---|---|---|---|
| 2 | 6 | 7 | 8 | 3 | 9 | 5 | 4 | 1 |
| 9 | 5 | 3 | 6 | 4 | 1 | 2 | 7 | 8 |
| 4 | 8 | 5 | 9 | 7 | 3 | 1 | 6 | 2 |
| 1 | 7 | 9 | 2 | 8 | 6 | 4 | 5 | 3 |
| 3 | 2 | 6 | 1 | 5 | 4 | 9 | 8 | 7 |
| 6 | 3 | 2 | 5 | 9 | 8 | 7 | 1 | 4 |
| 5 | 9 | 8 | 4 | 1 | 7 | 3 | 2 | 6 |
| 7 | 1 | 4 | 3 | 6 | 2 | 8 | 9 | 5 |

## 182

| 3 | 1 | 4 | 7 | 9 | 6 | 8 | 5 | 2 |
|---|---|---|---|---|---|---|---|---|
| 8 | 9 | 7 | 2 | 5 | 4 | 1 | 3 | 6 |
| 2 | 6 | 5 | 1 | 3 | 8 | 7 | 9 | 4 |
| 6 | 5 | 3 | 4 | 2 | 7 | 9 | 8 | 1 |
| 9 | 7 | 1 | 8 | 6 | 5 | 4 | 2 | 3 |
| 4 | 8 | 2 | 9 | 1 | 3 | 6 | 7 | 5 |
| 7 | 3 | 8 | 5 | 4 | 1 | 2 | 6 | 9 |
| 1 | 2 | 6 | 3 | 7 | 9 | 5 | 4 | 8 |
| 5 | 4 | 9 | 6 | 8 | 2 | 3 | 1 | 7 |

## 183

| 3 | 9 | 1 | 2 | 6 | 8 | 7 | 4 | 5 |
|---|---|---|---|---|---|---|---|---|
| 8 | 5 | 7 | 9 | 1 | 4 | 2 | 3 | 6 |
| 6 | 4 | 2 | 5 | 3 | 7 | 8 | 9 | 1 |
| 5 | 7 | 4 | 3 | 2 | 6 | 9 | 1 | 8 |
| 1 | 8 | 9 | 4 | 7 | 5 | 6 | 2 | 3 |
| 2 | 6 | 3 | 8 | 9 | 1 | 4 | 5 | 7 |
| 9 | 2 | 8 | 7 | 5 | 3 | 1 | 6 | 4 |
| 4 | 3 | 6 | 1 | 8 | 9 | 5 | 7 | 2 |
| 7 | 1 | 5 | 6 | 4 | 2 | 3 | 8 | 9 |

## 184

| 1 | 6 | 3 | 8 | 7 | 4 | 2 | 9 | 5 |
|---|---|---|---|---|---|---|---|---|
| 4 | 9 | 5 | 2 | 3 | 6 | 7 | 1 | 8 |
| 2 | 8 | 7 | 5 | 9 | 1 | 4 | 6 | 3 |
| 8 | 7 | 9 | 4 | 1 | 5 | 6 | 3 | 2 |
| 3 | 2 | 6 | 9 | 8 | 7 | 5 | 4 | 1 |
| 5 | 1 | 4 | 3 | 6 | 2 | 9 | 8 | 7 |
| 6 | 4 | 2 | 1 | 5 | 3 | 8 | 7 | 9 |
| 7 | 3 | 8 | 6 | 2 | 9 | 1 | 5 | 4 |
| 9 | 5 | 1 | 7 | 4 | 8 | 3 | 2 | 6 |

# Solutions

## 185

| 1 | 3 | 4 | 2 | 9 | 8 | 5 | 7 | 6 |
| 9 | 5 | 6 | 3 | 4 | 7 | 8 | 2 | 1 |
| 7 | 8 | 2 | 5 | 6 | 1 | 3 | 9 | 4 |
| 4 | 2 | 9 | 6 | 8 | 5 | 1 | 3 | 7 |
| 6 | 1 | 8 | 4 | 7 | 3 | 2 | 5 | 9 |
| 3 | 7 | 5 | 1 | 2 | 9 | 6 | 4 | 8 |
| 2 | 4 | 7 | 8 | 3 | 6 | 9 | 1 | 5 |
| 5 | 6 | 3 | 9 | 1 | 4 | 7 | 8 | 2 |
| 8 | 9 | 1 | 7 | 5 | 2 | 4 | 6 | 3 |

## 186

| 1 | 6 | 4 | 9 | 7 | 5 | 3 | 8 | 2 |
| 7 | 9 | 5 | 2 | 8 | 3 | 4 | 6 | 1 |
| 3 | 8 | 2 | 4 | 6 | 1 | 9 | 5 | 7 |
| 2 | 4 | 6 | 3 | 1 | 8 | 7 | 9 | 5 |
| 5 | 1 | 3 | 7 | 4 | 9 | 6 | 2 | 8 |
| 9 | 7 | 8 | 5 | 2 | 6 | 1 | 4 | 3 |
| 4 | 2 | 9 | 8 | 3 | 7 | 5 | 1 | 6 |
| 8 | 3 | 1 | 6 | 5 | 4 | 2 | 7 | 9 |
| 6 | 5 | 7 | 1 | 9 | 2 | 8 | 3 | 4 |

## 187

| 3 | 8 | 5 | 7 | 4 | 6 | 1 | 2 | 9 |
| 1 | 7 | 6 | 2 | 9 | 5 | 8 | 4 | 3 |
| 9 | 2 | 4 | 3 | 8 | 1 | 7 | 5 | 6 |
| 8 | 3 | 1 | 5 | 6 | 4 | 9 | 7 | 2 |
| 4 | 6 | 2 | 9 | 3 | 7 | 5 | 1 | 8 |
| 5 | 9 | 7 | 8 | 1 | 2 | 6 | 3 | 4 |
| 7 | 5 | 8 | 4 | 2 | 9 | 3 | 6 | 1 |
| 6 | 4 | 3 | 1 | 7 | 8 | 2 | 9 | 5 |
| 2 | 1 | 9 | 6 | 5 | 3 | 4 | 8 | 7 |

## 188

| 4 | 8 | 7 | 5 | 9 | 6 | 3 | 1 | 2 |
| 6 | 5 | 9 | 2 | 1 | 3 | 7 | 4 | 8 |
| 3 | 1 | 2 | 7 | 4 | 8 | 5 | 9 | 6 |
| 1 | 6 | 8 | 4 | 2 | 5 | 9 | 7 | 3 |
| 9 | 3 | 5 | 8 | 7 | 1 | 6 | 2 | 4 |
| 2 | 7 | 4 | 6 | 3 | 9 | 1 | 8 | 5 |
| 5 | 2 | 3 | 9 | 8 | 7 | 4 | 6 | 1 |
| 7 | 4 | 6 | 1 | 5 | 2 | 8 | 3 | 9 |
| 8 | 9 | 1 | 3 | 6 | 4 | 2 | 5 | 7 |

# Solutions

## 189

| 7 | 5 | 6 | 9 | 4 | 2 | 3 | 8 | 1 |
| 3 | 8 | 1 | 7 | 6 | 5 | 4 | 2 | 9 |
| 2 | 9 | 4 | 3 | 1 | 8 | 5 | 6 | 7 |
| 1 | 2 | 7 | 6 | 9 | 3 | 8 | 4 | 5 |
| 8 | 6 | 9 | 5 | 7 | 4 | 2 | 1 | 3 |
| 4 | 3 | 5 | 8 | 2 | 1 | 7 | 9 | 6 |
| 9 | 7 | 3 | 2 | 8 | 6 | 1 | 5 | 4 |
| 6 | 4 | 8 | 1 | 5 | 7 | 9 | 3 | 2 |
| 5 | 1 | 2 | 4 | 3 | 9 | 6 | 7 | 8 |

## 190

| 4 | 3 | 6 | 5 | 2 | 9 | 8 | 1 | 7 |
| 8 | 5 | 9 | 6 | 7 | 1 | 4 | 2 | 3 |
| 1 | 2 | 7 | 8 | 3 | 4 | 5 | 6 | 9 |
| 3 | 6 | 2 | 4 | 9 | 8 | 1 | 7 | 5 |
| 7 | 1 | 4 | 2 | 5 | 6 | 3 | 9 | 8 |
| 9 | 8 | 5 | 3 | 1 | 7 | 2 | 4 | 6 |
| 6 | 4 | 1 | 7 | 8 | 3 | 9 | 5 | 2 |
| 5 | 7 | 3 | 9 | 4 | 2 | 6 | 8 | 1 |
| 2 | 9 | 8 | 1 | 6 | 5 | 7 | 3 | 4 |

## 191

| 6 | 1 | 7 | 9 | 4 | 8 | 3 | 5 | 2 |
| 3 | 4 | 5 | 2 | 6 | 7 | 8 | 9 | 1 |
| 2 | 8 | 9 | 1 | 3 | 5 | 6 | 7 | 4 |
| 1 | 5 | 2 | 7 | 9 | 6 | 4 | 8 | 3 |
| 4 | 7 | 8 | 5 | 1 | 3 | 9 | 2 | 6 |
| 9 | 3 | 6 | 4 | 8 | 2 | 7 | 1 | 5 |
| 8 | 9 | 1 | 3 | 2 | 4 | 5 | 6 | 7 |
| 7 | 2 | 4 | 6 | 5 | 9 | 1 | 3 | 8 |
| 5 | 6 | 3 | 8 | 7 | 1 | 2 | 4 | 9 |

## 192

| 7 | 4 | 9 | 6 | 8 | 3 | 2 | 5 | 1 |
| 3 | 8 | 1 | 5 | 7 | 2 | 4 | 9 | 6 |
| 2 | 5 | 6 | 4 | 1 | 9 | 3 | 7 | 8 |
| 5 | 6 | 8 | 3 | 4 | 1 | 7 | 2 | 9 |
| 4 | 9 | 7 | 8 | 2 | 5 | 1 | 6 | 3 |
| 1 | 2 | 3 | 9 | 6 | 7 | 8 | 4 | 5 |
| 6 | 3 | 4 | 2 | 5 | 8 | 9 | 1 | 7 |
| 9 | 7 | 2 | 1 | 3 | 6 | 5 | 8 | 4 |
| 8 | 1 | 5 | 7 | 9 | 4 | 6 | 3 | 2 |

# Solutions

## 193

| 9 | 2 | 1 | 3 | 8 | 7 | 6 | 5 | 4 |
| 8 | 4 | 3 | 5 | 6 | 2 | 7 | 9 | 1 |
| 7 | 5 | 6 | 9 | 4 | 1 | 3 | 8 | 2 |
| 6 | 9 | 5 | 2 | 1 | 4 | 8 | 3 | 7 |
| 2 | 7 | 8 | 6 | 3 | 9 | 4 | 1 | 5 |
| 1 | 3 | 4 | 8 | 7 | 5 | 2 | 6 | 9 |
| 4 | 8 | 9 | 1 | 2 | 3 | 5 | 7 | 6 |
| 5 | 6 | 2 | 7 | 9 | 8 | 1 | 4 | 3 |
| 3 | 1 | 7 | 4 | 5 | 6 | 9 | 2 | 8 |

## 194

| 4 | 2 | 3 | 6 | 9 | 7 | 5 | 1 | 8 |
| 6 | 5 | 9 | 8 | 1 | 3 | 4 | 7 | 2 |
| 8 | 1 | 7 | 5 | 2 | 4 | 6 | 3 | 9 |
| 7 | 9 | 4 | 1 | 3 | 6 | 2 | 8 | 5 |
| 5 | 6 | 1 | 2 | 7 | 8 | 9 | 4 | 3 |
| 3 | 8 | 2 | 9 | 4 | 5 | 1 | 6 | 7 |
| 9 | 7 | 8 | 4 | 6 | 2 | 3 | 5 | 1 |
| 1 | 3 | 6 | 7 | 5 | 9 | 8 | 2 | 4 |
| 2 | 4 | 5 | 3 | 8 | 1 | 7 | 9 | 6 |

## 195

| 6 | 5 | 2 | 8 | 4 | 7 | 1 | 9 | 3 |
| 9 | 3 | 7 | 1 | 6 | 5 | 4 | 2 | 8 |
| 8 | 1 | 4 | 3 | 9 | 2 | 6 | 7 | 5 |
| 2 | 4 | 3 | 9 | 5 | 1 | 8 | 6 | 7 |
| 7 | 9 | 5 | 6 | 2 | 8 | 3 | 4 | 1 |
| 1 | 6 | 8 | 4 | 7 | 3 | 9 | 5 | 2 |
| 3 | 2 | 9 | 7 | 8 | 4 | 5 | 1 | 6 |
| 4 | 7 | 1 | 5 | 3 | 6 | 2 | 8 | 9 |
| 5 | 8 | 6 | 2 | 1 | 9 | 7 | 3 | 4 |

## 196

| 9 | 4 | 5 | 2 | 3 | 1 | 8 | 6 | 7 |
| 2 | 3 | 6 | 9 | 7 | 8 | 5 | 1 | 4 |
| 7 | 8 | 1 | 6 | 5 | 4 | 3 | 9 | 2 |
| 3 | 1 | 2 | 8 | 9 | 6 | 7 | 4 | 5 |
| 6 | 9 | 8 | 5 | 4 | 7 | 2 | 3 | 1 |
| 4 | 5 | 7 | 1 | 2 | 3 | 6 | 8 | 9 |
| 1 | 2 | 3 | 4 | 6 | 5 | 9 | 7 | 8 |
| 5 | 7 | 4 | 3 | 8 | 9 | 1 | 2 | 6 |
| 8 | 6 | 9 | 7 | 1 | 2 | 4 | 5 | 3 |

# Solutions

## 197

| 2 | 5 | 9 | 1 | 3 | 4 | 8 | 7 | 6 |
|---|---|---|---|---|---|---|---|---|
| 7 | 1 | 3 | 6 | 5 | 8 | 2 | 4 | 9 |
| 6 | 8 | 4 | 7 | 2 | 9 | 5 | 1 | 3 |
| 3 | 2 | 5 | 8 | 4 | 6 | 7 | 9 | 1 |
| 9 | 6 | 8 | 2 | 7 | 1 | 3 | 5 | 4 |
| 4 | 7 | 1 | 5 | 9 | 3 | 6 | 8 | 2 |
| 8 | 3 | 6 | 4 | 1 | 7 | 9 | 2 | 5 |
| 5 | 4 | 7 | 9 | 6 | 2 | 1 | 3 | 8 |
| 1 | 9 | 2 | 3 | 8 | 5 | 4 | 6 | 7 |

## 198

| 8 | 1 | 5 | 6 | 9 | 4 | 7 | 2 | 3 |
|---|---|---|---|---|---|---|---|---|
| 6 | 7 | 9 | 3 | 2 | 8 | 4 | 5 | 1 |
| 3 | 4 | 2 | 7 | 1 | 5 | 9 | 6 | 8 |
| 5 | 3 | 8 | 9 | 7 | 6 | 1 | 4 | 2 |
| 2 | 9 | 7 | 4 | 8 | 1 | 5 | 3 | 6 |
| 1 | 6 | 4 | 2 | 5 | 3 | 8 | 7 | 9 |
| 7 | 8 | 3 | 1 | 4 | 2 | 6 | 9 | 5 |
| 4 | 2 | 1 | 5 | 6 | 9 | 3 | 8 | 7 |
| 9 | 5 | 6 | 8 | 3 | 7 | 2 | 1 | 4 |

## 199

| 2 | 4 | 3 | 9 | 8 | 7 | 5 | 6 | 1 |
|---|---|---|---|---|---|---|---|---|
| 1 | 7 | 5 | 6 | 2 | 3 | 8 | 9 | 4 |
| 8 | 9 | 6 | 1 | 5 | 4 | 3 | 2 | 7 |
| 3 | 8 | 4 | 7 | 9 | 1 | 2 | 5 | 6 |
| 6 | 2 | 7 | 3 | 4 | 5 | 9 | 1 | 8 |
| 5 | 1 | 9 | 8 | 6 | 2 | 4 | 7 | 3 |
| 7 | 6 | 2 | 4 | 3 | 9 | 1 | 8 | 5 |
| 9 | 3 | 1 | 5 | 7 | 8 | 6 | 4 | 2 |
| 4 | 5 | 8 | 2 | 1 | 6 | 7 | 3 | 9 |

## 200

| 9 | 2 | 1 | 7 | 8 | 6 | 4 | 3 | 5 |
|---|---|---|---|---|---|---|---|---|
| 5 | 7 | 8 | 1 | 3 | 4 | 2 | 6 | 9 |
| 4 | 3 | 6 | 5 | 2 | 9 | 7 | 1 | 8 |
| 8 | 1 | 4 | 9 | 7 | 2 | 6 | 5 | 3 |
| 2 | 6 | 3 | 8 | 5 | 1 | 9 | 7 | 4 |
| 7 | 5 | 9 | 4 | 6 | 3 | 1 | 8 | 2 |
| 1 | 8 | 2 | 3 | 4 | 7 | 5 | 9 | 6 |
| 3 | 4 | 7 | 6 | 9 | 5 | 8 | 2 | 1 |
| 6 | 9 | 5 | 2 | 1 | 8 | 3 | 4 | 7 |

# Solutions

## 201

| | | | | | | | | |
|---|---|---|---|---|---|---|---|---|
| 4 | 5 | 9 | 7 | 2 | 3 | 1 | 8 | 6 |
| 3 | 1 | 7 | 4 | 6 | 8 | 5 | 9 | 2 |
| 2 | 8 | 6 | 5 | 9 | 1 | 7 | 4 | 3 |
| 6 | 7 | 2 | 9 | 3 | 5 | 8 | 1 | 4 |
| 8 | 9 | 4 | 1 | 7 | 6 | 3 | 2 | 5 |
| 1 | 3 | 5 | 8 | 4 | 2 | 9 | 6 | 7 |
| 5 | 2 | 8 | 6 | 1 | 7 | 4 | 3 | 9 |
| 7 | 4 | 3 | 2 | 8 | 9 | 6 | 5 | 1 |
| 9 | 6 | 1 | 3 | 5 | 4 | 2 | 7 | 8 |

## 202

| | | | | | | | | |
|---|---|---|---|---|---|---|---|---|
| 8 | 3 | 2 | 4 | 9 | 7 | 1 | 5 | 6 |
| 6 | 4 | 1 | 8 | 2 | 5 | 7 | 9 | 3 |
| 9 | 7 | 5 | 1 | 3 | 6 | 8 | 2 | 4 |
| 2 | 5 | 4 | 3 | 7 | 8 | 6 | 1 | 9 |
| 1 | 9 | 6 | 2 | 5 | 4 | 3 | 8 | 7 |
| 3 | 8 | 7 | 9 | 6 | 1 | 2 | 4 | 5 |
| 4 | 6 | 9 | 7 | 1 | 2 | 5 | 3 | 8 |
| 7 | 1 | 8 | 5 | 4 | 3 | 9 | 6 | 2 |
| 5 | 2 | 3 | 6 | 8 | 9 | 4 | 7 | 1 |

## 203

| | | | | | | | | |
|---|---|---|---|---|---|---|---|---|
| 7 | 4 | 6 | 3 | 9 | 1 | 8 | 2 | 5 |
| 1 | 3 | 5 | 6 | 2 | 8 | 4 | 9 | 7 |
| 2 | 9 | 8 | 4 | 7 | 5 | 3 | 6 | 1 |
| 6 | 5 | 7 | 2 | 8 | 4 | 9 | 1 | 3 |
| 3 | 1 | 9 | 5 | 6 | 7 | 2 | 8 | 4 |
| 4 | 8 | 2 | 1 | 3 | 9 | 7 | 5 | 6 |
| 9 | 6 | 1 | 8 | 4 | 3 | 5 | 7 | 2 |
| 8 | 2 | 3 | 7 | 5 | 6 | 1 | 4 | 9 |
| 5 | 7 | 4 | 9 | 1 | 2 | 6 | 3 | 8 |

## 204

| | | | | | | | | |
|---|---|---|---|---|---|---|---|---|
| 4 | 9 | 7 | 6 | 8 | 5 | 3 | 2 | 1 |
| 6 | 3 | 8 | 1 | 9 | 2 | 5 | 4 | 7 |
| 2 | 1 | 5 | 4 | 7 | 3 | 9 | 6 | 8 |
| 5 | 4 | 3 | 8 | 2 | 6 | 7 | 1 | 9 |
| 1 | 6 | 9 | 7 | 3 | 4 | 8 | 5 | 2 |
| 8 | 7 | 2 | 5 | 1 | 9 | 4 | 3 | 6 |
| 3 | 2 | 1 | 9 | 5 | 7 | 6 | 8 | 4 |
| 7 | 8 | 4 | 3 | 6 | 1 | 2 | 9 | 5 |
| 9 | 5 | 6 | 2 | 4 | 8 | 1 | 7 | 3 |

# Solutions

### 205

| 1 | 2 | 9 | 8 | 3 | 7 | 4 | 6 | 5 |
|---|---|---|---|---|---|---|---|---|
| 8 | 5 | 4 | 2 | 6 | 1 | 3 | 7 | 9 |
| 7 | 6 | 3 | 9 | 5 | 4 | 1 | 8 | 2 |
| 2 | 1 | 6 | 4 | 9 | 3 | 8 | 5 | 7 |
| 9 | 4 | 5 | 7 | 8 | 6 | 2 | 1 | 3 |
| 3 | 7 | 8 | 1 | 2 | 5 | 9 | 4 | 6 |
| 6 | 8 | 2 | 5 | 4 | 9 | 7 | 3 | 1 |
| 4 | 3 | 7 | 6 | 1 | 2 | 5 | 9 | 8 |
| 5 | 9 | 1 | 3 | 7 | 8 | 6 | 2 | 4 |

### 206

| 4 | 5 | 7 | 8 | 1 | 6 | 9 | 2 | 3 |
|---|---|---|---|---|---|---|---|---|
| 6 | 3 | 9 | 2 | 7 | 4 | 1 | 8 | 5 |
| 1 | 8 | 2 | 9 | 5 | 3 | 4 | 6 | 7 |
| 8 | 2 | 6 | 5 | 4 | 1 | 7 | 3 | 9 |
| 3 | 9 | 4 | 7 | 2 | 8 | 6 | 5 | 1 |
| 5 | 7 | 1 | 3 | 6 | 9 | 8 | 4 | 2 |
| 2 | 6 | 5 | 4 | 9 | 7 | 3 | 1 | 8 |
| 9 | 1 | 3 | 6 | 8 | 2 | 5 | 7 | 4 |
| 7 | 4 | 8 | 1 | 3 | 5 | 2 | 9 | 6 |

### 207

| 1 | 9 | 5 | 3 | 2 | 8 | 4 | 7 | 6 |
|---|---|---|---|---|---|---|---|---|
| 8 | 3 | 2 | 6 | 4 | 7 | 5 | 1 | 9 |
| 7 | 6 | 4 | 9 | 5 | 1 | 2 | 8 | 3 |
| 3 | 5 | 1 | 2 | 8 | 6 | 7 | 9 | 4 |
| 6 | 2 | 8 | 4 | 7 | 9 | 1 | 3 | 5 |
| 9 | 4 | 7 | 5 | 1 | 3 | 8 | 6 | 2 |
| 2 | 1 | 3 | 8 | 6 | 4 | 9 | 5 | 7 |
| 4 | 8 | 6 | 7 | 9 | 5 | 3 | 2 | 1 |
| 5 | 7 | 9 | 1 | 3 | 2 | 6 | 4 | 8 |

### 208

| 3 | 8 | 5 | 9 | 7 | 1 | 4 | 2 | 6 |
|---|---|---|---|---|---|---|---|---|
| 1 | 6 | 4 | 2 | 5 | 8 | 7 | 9 | 3 |
| 9 | 2 | 7 | 6 | 3 | 4 | 1 | 8 | 5 |
| 6 | 5 | 3 | 4 | 8 | 9 | 2 | 7 | 1 |
| 7 | 1 | 8 | 5 | 6 | 2 | 3 | 4 | 9 |
| 4 | 9 | 2 | 7 | 1 | 3 | 5 | 6 | 8 |
| 8 | 3 | 6 | 1 | 2 | 7 | 9 | 5 | 4 |
| 5 | 7 | 9 | 3 | 4 | 6 | 8 | 1 | 2 |
| 2 | 4 | 1 | 8 | 9 | 5 | 6 | 3 | 7 |

# Solutions

### 209

| 1 | 4 | 9 | 5 | 2 | 6 | 7 | 3 | 8 |
|---|---|---|---|---|---|---|---|---|
| 6 | 7 | 2 | 3 | 8 | 1 | 4 | 9 | 5 |
| 3 | 5 | 8 | 9 | 4 | 7 | 6 | 2 | 1 |
| 2 | 9 | 3 | 8 | 1 | 4 | 5 | 6 | 7 |
| 4 | 6 | 7 | 2 | 5 | 9 | 1 | 8 | 3 |
| 8 | 1 | 5 | 6 | 7 | 3 | 2 | 4 | 9 |
| 7 | 3 | 4 | 1 | 6 | 8 | 9 | 5 | 2 |
| 5 | 8 | 6 | 7 | 9 | 2 | 3 | 1 | 4 |
| 9 | 2 | 1 | 4 | 3 | 5 | 8 | 7 | 6 |

### 210

| 8 | 5 | 9 | 4 | 3 | 2 | 7 | 6 | 1 |
|---|---|---|---|---|---|---|---|---|
| 3 | 4 | 2 | 6 | 7 | 1 | 8 | 9 | 5 |
| 7 | 6 | 1 | 9 | 8 | 5 | 3 | 2 | 4 |
| 4 | 2 | 8 | 1 | 9 | 7 | 5 | 3 | 6 |
| 9 | 7 | 3 | 5 | 6 | 4 | 2 | 1 | 8 |
| 6 | 1 | 5 | 8 | 2 | 3 | 9 | 4 | 7 |
| 1 | 9 | 4 | 2 | 5 | 8 | 6 | 7 | 3 |
| 2 | 8 | 7 | 3 | 4 | 6 | 1 | 5 | 9 |
| 5 | 3 | 6 | 7 | 1 | 9 | 4 | 8 | 2 |

### 211

| 7 | 4 | 5 | 8 | 6 | 3 | 1 | 2 | 9 |
|---|---|---|---|---|---|---|---|---|
| 9 | 2 | 3 | 7 | 1 | 4 | 5 | 6 | 8 |
| 1 | 8 | 6 | 9 | 2 | 5 | 4 | 3 | 7 |
| 3 | 5 | 2 | 4 | 9 | 1 | 8 | 7 | 6 |
| 6 | 1 | 8 | 3 | 5 | 7 | 2 | 9 | 4 |
| 4 | 7 | 9 | 2 | 8 | 6 | 3 | 5 | 1 |
| 8 | 6 | 1 | 5 | 7 | 2 | 9 | 4 | 3 |
| 5 | 9 | 4 | 6 | 3 | 8 | 7 | 1 | 2 |
| 2 | 3 | 7 | 1 | 4 | 9 | 6 | 8 | 5 |

### 212

| 4 | 7 | 9 | 1 | 2 | 3 | 6 | 8 | 5 |
|---|---|---|---|---|---|---|---|---|
| 3 | 1 | 6 | 4 | 5 | 8 | 9 | 7 | 2 |
| 2 | 8 | 5 | 6 | 9 | 7 | 3 | 4 | 1 |
| 5 | 6 | 7 | 3 | 1 | 4 | 8 | 2 | 9 |
| 9 | 3 | 2 | 5 | 8 | 6 | 4 | 1 | 7 |
| 1 | 4 | 8 | 2 | 7 | 9 | 5 | 6 | 3 |
| 8 | 2 | 3 | 9 | 6 | 1 | 7 | 5 | 4 |
| 7 | 9 | 1 | 8 | 4 | 5 | 2 | 3 | 6 |
| 6 | 5 | 4 | 7 | 3 | 2 | 1 | 9 | 8 |

# Solutions

## 213

| 5 | 3 | 7 | 8 | 4 | 6 | 1 | 9 | 2 |
|---|---|---|---|---|---|---|---|---|
| 9 | 2 | 1 | 7 | 5 | 3 | 8 | 6 | 4 |
| 4 | 8 | 6 | 9 | 1 | 2 | 7 | 3 | 5 |
| 2 | 1 | 9 | 4 | 7 | 8 | 6 | 5 | 3 |
| 6 | 5 | 4 | 2 | 3 | 1 | 9 | 8 | 7 |
| 3 | 7 | 8 | 5 | 6 | 9 | 2 | 4 | 1 |
| 8 | 4 | 3 | 6 | 2 | 7 | 5 | 1 | 9 |
| 7 | 9 | 5 | 1 | 8 | 4 | 3 | 2 | 6 |
| 1 | 6 | 2 | 3 | 9 | 5 | 4 | 7 | 8 |

## 214

| 6 | 3 | 2 | 4 | 1 | 5 | 7 | 8 | 9 |
|---|---|---|---|---|---|---|---|---|
| 9 | 7 | 5 | 8 | 6 | 3 | 4 | 2 | 1 |
| 1 | 8 | 4 | 2 | 9 | 7 | 3 | 5 | 6 |
| 8 | 4 | 6 | 3 | 7 | 2 | 1 | 9 | 5 |
| 3 | 1 | 9 | 6 | 5 | 8 | 2 | 7 | 4 |
| 5 | 2 | 7 | 9 | 4 | 1 | 8 | 6 | 3 |
| 4 | 6 | 8 | 1 | 2 | 9 | 5 | 3 | 7 |
| 2 | 5 | 1 | 7 | 3 | 6 | 9 | 4 | 8 |
| 7 | 9 | 3 | 5 | 8 | 4 | 6 | 1 | 2 |

## 215

| 7 | 3 | 9 | 1 | 2 | 4 | 6 | 8 | 5 |
|---|---|---|---|---|---|---|---|---|
| 6 | 4 | 8 | 7 | 5 | 9 | 3 | 2 | 1 |
| 1 | 2 | 5 | 6 | 3 | 8 | 7 | 4 | 9 |
| 9 | 1 | 4 | 2 | 6 | 5 | 8 | 3 | 7 |
| 5 | 7 | 2 | 9 | 8 | 3 | 1 | 6 | 4 |
| 8 | 6 | 3 | 4 | 7 | 1 | 5 | 9 | 2 |
| 2 | 5 | 6 | 8 | 9 | 7 | 4 | 1 | 3 |
| 3 | 8 | 1 | 5 | 4 | 2 | 9 | 7 | 6 |
| 4 | 9 | 7 | 3 | 1 | 6 | 2 | 5 | 8 |

## 216

| 2 | 8 | 6 | 9 | 4 | 5 | 3 | 1 | 7 |
|---|---|---|---|---|---|---|---|---|
| 7 | 1 | 4 | 8 | 6 | 3 | 9 | 5 | 2 |
| 9 | 3 | 5 | 1 | 7 | 2 | 4 | 8 | 6 |
| 6 | 2 | 9 | 7 | 1 | 4 | 5 | 3 | 8 |
| 3 | 5 | 1 | 2 | 8 | 6 | 7 | 9 | 4 |
| 8 | 4 | 7 | 3 | 5 | 9 | 6 | 2 | 1 |
| 1 | 6 | 3 | 5 | 2 | 7 | 8 | 4 | 9 |
| 4 | 9 | 2 | 6 | 3 | 8 | 1 | 7 | 5 |
| 5 | 7 | 8 | 4 | 9 | 1 | 2 | 6 | 3 |

# Solutions

### 217

| 8 | 5 | 6 | 2 | 4 | 9 | 3 | 1 | 7 |
| 7 | 1 | 4 | 5 | 3 | 6 | 9 | 8 | 2 |
| 3 | 9 | 2 | 8 | 7 | 1 | 4 | 5 | 6 |
| 9 | 6 | 1 | 7 | 5 | 3 | 2 | 4 | 8 |
| 2 | 7 | 5 | 4 | 9 | 8 | 1 | 6 | 3 |
| 4 | 3 | 8 | 1 | 6 | 2 | 5 | 7 | 9 |
| 6 | 8 | 9 | 3 | 1 | 5 | 7 | 2 | 4 |
| 1 | 4 | 3 | 6 | 2 | 7 | 8 | 9 | 5 |
| 5 | 2 | 7 | 9 | 8 | 4 | 6 | 3 | 1 |

### 218

| 6 | 7 | 8 | 4 | 1 | 2 | 5 | 3 | 9 |
| 4 | 1 | 9 | 6 | 3 | 5 | 2 | 7 | 8 |
| 3 | 2 | 5 | 8 | 9 | 7 | 6 | 4 | 1 |
| 9 | 3 | 1 | 7 | 6 | 8 | 4 | 5 | 2 |
| 8 | 4 | 7 | 5 | 2 | 1 | 9 | 6 | 3 |
| 5 | 6 | 2 | 3 | 4 | 9 | 8 | 1 | 7 |
| 2 | 9 | 6 | 1 | 7 | 4 | 3 | 8 | 5 |
| 1 | 5 | 4 | 9 | 8 | 3 | 7 | 2 | 6 |
| 7 | 8 | 3 | 2 | 5 | 6 | 1 | 9 | 4 |

### 219

| 5 | 3 | 7 | 1 | 8 | 2 | 9 | 6 | 4 |
| 2 | 8 | 9 | 6 | 4 | 3 | 7 | 5 | 1 |
| 1 | 6 | 4 | 9 | 7 | 5 | 3 | 8 | 2 |
| 4 | 5 | 2 | 7 | 6 | 8 | 1 | 3 | 9 |
| 3 | 7 | 8 | 5 | 9 | 1 | 4 | 2 | 6 |
| 9 | 1 | 6 | 3 | 2 | 4 | 8 | 7 | 5 |
| 8 | 2 | 3 | 4 | 5 | 9 | 6 | 1 | 7 |
| 7 | 9 | 5 | 8 | 1 | 6 | 2 | 4 | 3 |
| 6 | 4 | 1 | 2 | 3 | 7 | 5 | 9 | 8 |

### 220

| 2 | 5 | 8 | 1 | 4 | 9 | 3 | 6 | 7 |
| 3 | 1 | 4 | 5 | 6 | 7 | 2 | 9 | 8 |
| 6 | 9 | 7 | 8 | 3 | 2 | 5 | 4 | 1 |
| 4 | 8 | 9 | 6 | 7 | 5 | 1 | 3 | 2 |
| 7 | 2 | 1 | 3 | 9 | 4 | 8 | 5 | 6 |
| 5 | 3 | 6 | 2 | 1 | 8 | 9 | 7 | 4 |
| 9 | 6 | 3 | 7 | 8 | 1 | 4 | 2 | 5 |
| 1 | 7 | 2 | 4 | 5 | 3 | 6 | 8 | 9 |
| 8 | 4 | 5 | 9 | 2 | 6 | 7 | 1 | 3 |

# Solutions

## 221

| 4 | 3 | 9 | 8 | 6 | 5 | 1 | 7 | 2 |
| 2 | 7 | 8 | 3 | 1 | 9 | 5 | 6 | 4 |
| 1 | 5 | 6 | 4 | 7 | 2 | 3 | 8 | 9 |
| 3 | 9 | 7 | 6 | 5 | 8 | 4 | 2 | 1 |
| 6 | 2 | 5 | 1 | 4 | 7 | 8 | 9 | 3 |
| 8 | 1 | 4 | 2 | 9 | 3 | 7 | 5 | 6 |
| 7 | 6 | 1 | 5 | 2 | 4 | 9 | 3 | 8 |
| 9 | 4 | 3 | 7 | 8 | 6 | 2 | 1 | 5 |
| 5 | 8 | 2 | 9 | 3 | 1 | 6 | 4 | 7 |

## 222

| 4 | 5 | 3 | 1 | 8 | 9 | 7 | 6 | 2 |
| 1 | 2 | 6 | 3 | 5 | 7 | 9 | 4 | 8 |
| 7 | 9 | 8 | 2 | 6 | 4 | 5 | 1 | 3 |
| 5 | 4 | 1 | 9 | 7 | 3 | 8 | 2 | 6 |
| 3 | 8 | 7 | 6 | 1 | 2 | 4 | 9 | 5 |
| 9 | 6 | 2 | 8 | 4 | 5 | 1 | 3 | 7 |
| 6 | 1 | 9 | 7 | 3 | 8 | 2 | 5 | 4 |
| 2 | 7 | 5 | 4 | 9 | 6 | 3 | 8 | 1 |
| 8 | 3 | 4 | 5 | 2 | 1 | 6 | 7 | 9 |

## 223

| 1 | 7 | 3 | 4 | 8 | 9 | 2 | 5 | 6 |
| 2 | 6 | 8 | 1 | 5 | 3 | 4 | 7 | 9 |
| 4 | 9 | 5 | 7 | 2 | 6 | 1 | 3 | 8 |
| 3 | 8 | 9 | 2 | 7 | 4 | 6 | 1 | 5 |
| 6 | 5 | 2 | 3 | 1 | 8 | 9 | 4 | 7 |
| 7 | 1 | 4 | 6 | 9 | 5 | 3 | 8 | 2 |
| 5 | 2 | 7 | 9 | 3 | 1 | 8 | 6 | 4 |
| 9 | 3 | 6 | 8 | 4 | 7 | 5 | 2 | 1 |
| 8 | 4 | 1 | 5 | 6 | 2 | 7 | 9 | 3 |

## 224

| 4 | 5 | 8 | 9 | 2 | 1 | 6 | 7 | 3 |
| 2 | 3 | 7 | 6 | 5 | 8 | 1 | 4 | 9 |
| 1 | 9 | 6 | 3 | 4 | 7 | 2 | 8 | 5 |
| 3 | 6 | 9 | 8 | 7 | 2 | 4 | 5 | 1 |
| 5 | 8 | 2 | 1 | 9 | 4 | 3 | 6 | 7 |
| 7 | 1 | 4 | 5 | 6 | 3 | 9 | 2 | 8 |
| 9 | 4 | 3 | 2 | 8 | 5 | 7 | 1 | 6 |
| 6 | 2 | 5 | 7 | 1 | 9 | 8 | 3 | 4 |
| 8 | 7 | 1 | 4 | 3 | 6 | 5 | 9 | 2 |

# Solutions

### 225

| 1 | 2 | 8 | 9 | 3 | 4 | 5 | 6 | 7 |
|---|---|---|---|---|---|---|---|---|
| 7 | 6 | 4 | 2 | 1 | 5 | 3 | 8 | 9 |
| 5 | 9 | 3 | 8 | 7 | 6 | 4 | 1 | 2 |
| 9 | 1 | 5 | 3 | 8 | 7 | 2 | 4 | 6 |
| 6 | 4 | 7 | 5 | 2 | 1 | 9 | 3 | 8 |
| 8 | 3 | 2 | 6 | 4 | 9 | 1 | 7 | 5 |
| 3 | 5 | 6 | 4 | 9 | 8 | 7 | 2 | 1 |
| 4 | 8 | 1 | 7 | 5 | 2 | 6 | 9 | 3 |
| 2 | 7 | 9 | 1 | 6 | 3 | 8 | 5 | 4 |

### 226

| 5 | 2 | 7 | 8 | 3 | 6 | 9 | 4 | 1 |
|---|---|---|---|---|---|---|---|---|
| 4 | 3 | 6 | 1 | 9 | 7 | 8 | 5 | 2 |
| 8 | 9 | 1 | 2 | 5 | 4 | 7 | 6 | 3 |
| 2 | 1 | 3 | 9 | 7 | 5 | 4 | 8 | 6 |
| 6 | 4 | 5 | 3 | 8 | 2 | 1 | 7 | 9 |
| 7 | 8 | 9 | 6 | 4 | 1 | 2 | 3 | 5 |
| 1 | 5 | 4 | 7 | 6 | 9 | 3 | 2 | 8 |
| 9 | 6 | 8 | 4 | 2 | 3 | 5 | 1 | 7 |
| 3 | 7 | 2 | 5 | 1 | 8 | 6 | 9 | 4 |

### 227

| 2 | 7 | 3 | 8 | 4 | 9 | 6 | 5 | 1 |
|---|---|---|---|---|---|---|---|---|
| 4 | 5 | 6 | 3 | 1 | 2 | 9 | 7 | 8 |
| 9 | 1 | 8 | 6 | 5 | 7 | 4 | 2 | 3 |
| 1 | 3 | 2 | 7 | 8 | 6 | 5 | 9 | 4 |
| 5 | 8 | 4 | 9 | 2 | 1 | 7 | 3 | 6 |
| 7 | 6 | 9 | 5 | 3 | 4 | 8 | 1 | 2 |
| 8 | 9 | 7 | 1 | 6 | 3 | 2 | 4 | 5 |
| 3 | 4 | 5 | 2 | 9 | 8 | 1 | 6 | 7 |
| 6 | 2 | 1 | 4 | 7 | 5 | 3 | 8 | 9 |

### 228

| 6 | 1 | 5 | 4 | 2 | 9 | 3 | 8 | 7 |
|---|---|---|---|---|---|---|---|---|
| 9 | 2 | 3 | 7 | 8 | 6 | 4 | 5 | 1 |
| 7 | 8 | 4 | 5 | 1 | 3 | 2 | 9 | 6 |
| 8 | 9 | 6 | 3 | 5 | 4 | 7 | 1 | 2 |
| 4 | 3 | 2 | 1 | 7 | 8 | 5 | 6 | 9 |
| 1 | 5 | 7 | 6 | 9 | 2 | 8 | 3 | 4 |
| 3 | 7 | 9 | 2 | 6 | 5 | 1 | 4 | 8 |
| 5 | 6 | 1 | 8 | 4 | 7 | 9 | 2 | 3 |
| 2 | 4 | 8 | 9 | 3 | 1 | 6 | 7 | 5 |

# Solutions

## 229

| 8 | 9 | 4 | 7 | 6 | 5 | 1 | 3 | 2 |
|---|---|---|---|---|---|---|---|---|
| 2 | 6 | 7 | 1 | 3 | 4 | 5 | 8 | 9 |
| 5 | 3 | 1 | 8 | 9 | 2 | 4 | 6 | 7 |
| 7 | 2 | 8 | 5 | 4 | 3 | 9 | 1 | 6 |
| 6 | 4 | 5 | 9 | 1 | 7 | 3 | 2 | 8 |
| 3 | 1 | 9 | 6 | 2 | 8 | 7 | 5 | 4 |
| 4 | 5 | 2 | 3 | 8 | 9 | 6 | 7 | 1 |
| 9 | 7 | 6 | 2 | 5 | 1 | 8 | 4 | 3 |
| 1 | 8 | 3 | 4 | 7 | 6 | 2 | 9 | 5 |

## 230

| 9 | 4 | 3 | 6 | 8 | 2 | 1 | 7 | 5 |
|---|---|---|---|---|---|---|---|---|
| 7 | 6 | 8 | 3 | 5 | 1 | 2 | 9 | 4 |
| 1 | 5 | 2 | 4 | 9 | 7 | 6 | 3 | 8 |
| 3 | 1 | 7 | 8 | 2 | 9 | 5 | 4 | 6 |
| 2 | 8 | 6 | 5 | 3 | 4 | 9 | 1 | 7 |
| 5 | 9 | 4 | 1 | 7 | 6 | 8 | 2 | 3 |
| 4 | 3 | 5 | 2 | 1 | 8 | 7 | 6 | 9 |
| 8 | 7 | 1 | 9 | 6 | 3 | 4 | 5 | 2 |
| 6 | 2 | 9 | 7 | 4 | 5 | 3 | 8 | 1 |

## 231

| 2 | 4 | 8 | 1 | 6 | 9 | 3 | 5 | 7 |
|---|---|---|---|---|---|---|---|---|
| 5 | 6 | 1 | 3 | 8 | 7 | 4 | 2 | 9 |
| 9 | 7 | 3 | 4 | 2 | 5 | 1 | 6 | 8 |
| 1 | 3 | 7 | 6 | 4 | 2 | 8 | 9 | 5 |
| 4 | 8 | 2 | 5 | 9 | 3 | 7 | 1 | 6 |
| 6 | 9 | 5 | 7 | 1 | 8 | 2 | 3 | 4 |
| 3 | 5 | 6 | 8 | 7 | 1 | 9 | 4 | 2 |
| 7 | 1 | 9 | 2 | 5 | 4 | 6 | 8 | 3 |
| 8 | 2 | 4 | 9 | 3 | 6 | 5 | 7 | 1 |

## 232

| 9 | 3 | 2 | 1 | 5 | 7 | 8 | 4 | 6 |
|---|---|---|---|---|---|---|---|---|
| 1 | 6 | 8 | 3 | 9 | 4 | 2 | 7 | 5 |
| 4 | 5 | 7 | 8 | 2 | 6 | 9 | 3 | 1 |
| 3 | 1 | 4 | 2 | 7 | 9 | 5 | 6 | 8 |
| 7 | 2 | 5 | 6 | 8 | 1 | 4 | 9 | 3 |
| 8 | 9 | 6 | 5 | 4 | 3 | 1 | 2 | 7 |
| 5 | 4 | 9 | 7 | 3 | 8 | 6 | 1 | 2 |
| 6 | 8 | 3 | 4 | 1 | 2 | 7 | 5 | 9 |
| 2 | 7 | 1 | 9 | 6 | 5 | 3 | 8 | 4 |

# Solutions

### 233

| 6 | 2 | 5 | 1 | 8 | 3 | 4 | 9 | 7 |
| 4 | 8 | 3 | 6 | 9 | 7 | 1 | 5 | 2 |
| 9 | 7 | 1 | 5 | 4 | 2 | 3 | 8 | 6 |
| 3 | 9 | 4 | 2 | 5 | 8 | 7 | 6 | 1 |
| 8 | 1 | 6 | 3 | 7 | 9 | 5 | 2 | 4 |
| 2 | 5 | 7 | 4 | 1 | 6 | 8 | 3 | 9 |
| 5 | 4 | 8 | 9 | 6 | 1 | 2 | 7 | 3 |
| 1 | 6 | 2 | 7 | 3 | 5 | 9 | 4 | 8 |
| 7 | 3 | 9 | 8 | 2 | 4 | 6 | 1 | 5 |

### 234

| 8 | 1 | 6 | 4 | 3 | 9 | 2 | 5 | 7 |
| 2 | 3 | 4 | 7 | 1 | 5 | 8 | 6 | 9 |
| 7 | 9 | 5 | 6 | 2 | 8 | 1 | 4 | 3 |
| 3 | 5 | 9 | 1 | 8 | 2 | 6 | 7 | 4 |
| 6 | 8 | 1 | 9 | 7 | 4 | 3 | 2 | 5 |
| 4 | 7 | 2 | 5 | 6 | 3 | 9 | 8 | 1 |
| 5 | 6 | 7 | 2 | 9 | 1 | 4 | 3 | 8 |
| 1 | 2 | 3 | 8 | 4 | 7 | 5 | 9 | 6 |
| 9 | 4 | 8 | 3 | 5 | 6 | 7 | 1 | 2 |

### 235

| 8 | 3 | 1 | 4 | 5 | 9 | 2 | 6 | 7 |
| 2 | 9 | 4 | 1 | 6 | 7 | 5 | 3 | 8 |
| 6 | 5 | 7 | 8 | 2 | 3 | 1 | 4 | 9 |
| 4 | 1 | 3 | 9 | 8 | 5 | 7 | 2 | 6 |
| 7 | 8 | 9 | 6 | 4 | 2 | 3 | 1 | 5 |
| 5 | 2 | 6 | 7 | 3 | 1 | 8 | 9 | 4 |
| 9 | 6 | 2 | 5 | 1 | 8 | 4 | 7 | 3 |
| 1 | 7 | 5 | 3 | 9 | 4 | 6 | 8 | 2 |
| 3 | 4 | 8 | 2 | 7 | 6 | 9 | 5 | 1 |

### 236

| 9 | 3 | 8 | 1 | 5 | 7 | 4 | 6 | 2 |
| 5 | 4 | 1 | 6 | 9 | 2 | 7 | 3 | 8 |
| 7 | 2 | 6 | 3 | 8 | 4 | 1 | 9 | 5 |
| 8 | 7 | 3 | 5 | 4 | 6 | 2 | 1 | 9 |
| 4 | 5 | 2 | 8 | 1 | 9 | 3 | 7 | 6 |
| 6 | 1 | 9 | 2 | 7 | 3 | 8 | 5 | 4 |
| 3 | 6 | 7 | 4 | 2 | 5 | 9 | 8 | 1 |
| 1 | 9 | 4 | 7 | 6 | 8 | 5 | 2 | 3 |
| 2 | 8 | 5 | 9 | 3 | 1 | 6 | 4 | 7 |

# Solutions

## 237

| 5 | 8 | 9 | 3 | 4 | 2 | 1 | 7 | 6 |
| 6 | 1 | 2 | 8 | 9 | 7 | 4 | 3 | 5 |
| 4 | 7 | 3 | 6 | 1 | 5 | 8 | 2 | 9 |
| 9 | 5 | 1 | 7 | 8 | 3 | 6 | 4 | 2 |
| 3 | 4 | 7 | 1 | 2 | 6 | 9 | 5 | 8 |
| 2 | 6 | 8 | 4 | 5 | 9 | 3 | 1 | 7 |
| 1 | 9 | 6 | 5 | 7 | 4 | 2 | 8 | 3 |
| 8 | 2 | 5 | 9 | 3 | 1 | 7 | 6 | 4 |
| 7 | 3 | 4 | 2 | 6 | 8 | 5 | 9 | 1 |

## 238

| 4 | 6 | 7 | 5 | 2 | 9 | 3 | 1 | 8 |
| 2 | 9 | 8 | 1 | 7 | 3 | 6 | 4 | 5 |
| 5 | 3 | 1 | 6 | 4 | 8 | 2 | 7 | 9 |
| 6 | 2 | 5 | 3 | 9 | 1 | 4 | 8 | 7 |
| 8 | 4 | 3 | 2 | 5 | 7 | 9 | 6 | 1 |
| 7 | 1 | 9 | 8 | 6 | 4 | 5 | 2 | 3 |
| 3 | 5 | 4 | 7 | 8 | 2 | 1 | 9 | 6 |
| 1 | 8 | 2 | 9 | 3 | 6 | 7 | 5 | 4 |
| 9 | 7 | 6 | 4 | 1 | 5 | 8 | 3 | 2 |

## 239

| 2 | 3 | 9 | 5 | 8 | 6 | 1 | 4 | 7 |
| 8 | 4 | 6 | 7 | 1 | 2 | 9 | 3 | 5 |
| 5 | 1 | 7 | 3 | 9 | 4 | 8 | 6 | 2 |
| 9 | 5 | 2 | 4 | 6 | 8 | 7 | 1 | 3 |
| 7 | 6 | 4 | 1 | 3 | 9 | 2 | 5 | 8 |
| 3 | 8 | 1 | 2 | 7 | 5 | 6 | 9 | 4 |
| 6 | 2 | 8 | 9 | 5 | 3 | 4 | 7 | 1 |
| 1 | 9 | 5 | 8 | 4 | 7 | 3 | 2 | 6 |
| 4 | 7 | 3 | 6 | 2 | 1 | 5 | 8 | 9 |

## 240

| 8 | 5 | 4 | 9 | 6 | 2 | 3 | 1 | 7 |
| 9 | 7 | 3 | 4 | 8 | 1 | 5 | 2 | 6 |
| 2 | 1 | 6 | 5 | 3 | 7 | 9 | 4 | 8 |
| 7 | 2 | 1 | 6 | 5 | 3 | 4 | 8 | 9 |
| 6 | 4 | 8 | 7 | 1 | 9 | 2 | 3 | 5 |
| 3 | 9 | 5 | 2 | 4 | 8 | 7 | 6 | 1 |
| 4 | 3 | 9 | 8 | 7 | 6 | 1 | 5 | 2 |
| 5 | 8 | 7 | 1 | 2 | 4 | 6 | 9 | 3 |
| 1 | 6 | 2 | 3 | 9 | 5 | 8 | 7 | 4 |

# Solutions

### 241

| 9 | 8 | 6 | 1 | 5 | 3 | 4 | 7 | 2 |
|---|---|---|---|---|---|---|---|---|
| 7 | 5 | 3 | 4 | 8 | 2 | 9 | 1 | 6 |
| 2 | 1 | 4 | 7 | 6 | 9 | 3 | 8 | 5 |
| 3 | 6 | 8 | 9 | 7 | 4 | 5 | 2 | 1 |
| 5 | 7 | 2 | 3 | 1 | 8 | 6 | 4 | 9 |
| 1 | 4 | 9 | 6 | 2 | 5 | 8 | 3 | 7 |
| 8 | 3 | 1 | 2 | 9 | 6 | 7 | 5 | 4 |
| 6 | 2 | 5 | 8 | 4 | 7 | 1 | 9 | 3 |
| 4 | 9 | 7 | 5 | 3 | 1 | 2 | 6 | 8 |

### 242

| 2 | 5 | 7 | 6 | 3 | 1 | 9 | 8 | 4 |
|---|---|---|---|---|---|---|---|---|
| 4 | 6 | 1 | 9 | 8 | 2 | 5 | 3 | 7 |
| 8 | 3 | 9 | 4 | 7 | 5 | 2 | 6 | 1 |
| 9 | 2 | 4 | 3 | 5 | 8 | 1 | 7 | 6 |
| 5 | 7 | 3 | 1 | 6 | 4 | 8 | 2 | 9 |
| 6 | 1 | 8 | 7 | 2 | 9 | 3 | 4 | 5 |
| 3 | 4 | 5 | 8 | 1 | 7 | 6 | 9 | 2 |
| 1 | 9 | 6 | 2 | 4 | 3 | 7 | 5 | 8 |
| 7 | 8 | 2 | 5 | 9 | 6 | 4 | 1 | 3 |

### 243

| 2 | 1 | 8 | 4 | 3 | 5 | 7 | 6 | 9 |
|---|---|---|---|---|---|---|---|---|
| 5 | 9 | 3 | 1 | 7 | 6 | 2 | 8 | 4 |
| 6 | 7 | 4 | 8 | 2 | 9 | 5 | 3 | 1 |
| 7 | 6 | 2 | 5 | 4 | 8 | 9 | 1 | 3 |
| 3 | 8 | 1 | 6 | 9 | 7 | 4 | 2 | 5 |
| 4 | 5 | 9 | 3 | 1 | 2 | 6 | 7 | 8 |
| 8 | 4 | 7 | 9 | 6 | 3 | 1 | 5 | 2 |
| 1 | 3 | 6 | 2 | 5 | 4 | 8 | 9 | 7 |
| 9 | 2 | 5 | 7 | 8 | 1 | 3 | 4 | 6 |

### 244

| 8 | 6 | 5 | 7 | 9 | 1 | 2 | 3 | 4 |
|---|---|---|---|---|---|---|---|---|
| 3 | 7 | 1 | 6 | 2 | 4 | 9 | 5 | 8 |
| 9 | 2 | 4 | 8 | 3 | 5 | 6 | 7 | 1 |
| 2 | 8 | 7 | 5 | 1 | 6 | 4 | 9 | 3 |
| 1 | 4 | 9 | 3 | 7 | 8 | 5 | 2 | 6 |
| 5 | 3 | 6 | 2 | 4 | 9 | 1 | 8 | 7 |
| 7 | 5 | 2 | 1 | 6 | 3 | 8 | 4 | 9 |
| 6 | 9 | 3 | 4 | 8 | 2 | 7 | 1 | 5 |
| 4 | 1 | 8 | 9 | 5 | 7 | 3 | 6 | 2 |

# Solutions

### 245

| 2 | 5 | 3 | 8 | 4 | 6 | 1 | 9 | 7 |
|---|---|---|---|---|---|---|---|---|
| 1 | 6 | 8 | 9 | 5 | 7 | 2 | 3 | 4 |
| 7 | 4 | 9 | 3 | 2 | 1 | 5 | 6 | 8 |
| 4 | 8 | 1 | 5 | 3 | 2 | 9 | 7 | 6 |
| 3 | 9 | 5 | 6 | 7 | 4 | 8 | 1 | 2 |
| 6 | 2 | 7 | 1 | 9 | 8 | 3 | 4 | 5 |
| 5 | 1 | 4 | 2 | 6 | 3 | 7 | 8 | 9 |
| 9 | 3 | 6 | 7 | 8 | 5 | 4 | 2 | 1 |
| 8 | 7 | 2 | 4 | 1 | 9 | 6 | 5 | 3 |

### 246

| 2 | 9 | 8 | 7 | 4 | 1 | 3 | 6 | 5 |
|---|---|---|---|---|---|---|---|---|
| 1 | 6 | 4 | 8 | 5 | 3 | 7 | 2 | 9 |
| 7 | 3 | 5 | 6 | 9 | 2 | 1 | 8 | 4 |
| 4 | 2 | 7 | 1 | 6 | 9 | 5 | 3 | 8 |
| 9 | 8 | 3 | 5 | 2 | 4 | 6 | 7 | 1 |
| 6 | 5 | 1 | 3 | 8 | 7 | 9 | 4 | 2 |
| 8 | 7 | 9 | 2 | 1 | 6 | 4 | 5 | 3 |
| 3 | 4 | 2 | 9 | 7 | 5 | 8 | 1 | 6 |
| 5 | 1 | 6 | 4 | 3 | 8 | 2 | 9 | 7 |

### 247

| 9 | 2 | 7 | 1 | 8 | 4 | 6 | 5 | 3 |
|---|---|---|---|---|---|---|---|---|
| 1 | 8 | 4 | 5 | 3 | 6 | 7 | 2 | 9 |
| 3 | 6 | 5 | 7 | 2 | 9 | 1 | 8 | 4 |
| 6 | 5 | 3 | 4 | 9 | 8 | 2 | 7 | 1 |
| 8 | 1 | 2 | 3 | 7 | 5 | 4 | 9 | 6 |
| 4 | 7 | 9 | 6 | 1 | 2 | 8 | 3 | 5 |
| 2 | 9 | 6 | 8 | 4 | 3 | 5 | 1 | 7 |
| 7 | 4 | 8 | 9 | 5 | 1 | 3 | 6 | 2 |
| 5 | 3 | 1 | 2 | 6 | 7 | 9 | 4 | 8 |

### 248

| 8 | 4 | 5 | 1 | 9 | 2 | 7 | 3 | 6 |
|---|---|---|---|---|---|---|---|---|
| 6 | 3 | 9 | 7 | 8 | 4 | 1 | 5 | 2 |
| 1 | 2 | 7 | 3 | 5 | 6 | 4 | 8 | 9 |
| 2 | 1 | 3 | 4 | 6 | 7 | 8 | 9 | 5 |
| 7 | 9 | 6 | 8 | 1 | 5 | 2 | 4 | 3 |
| 5 | 8 | 4 | 2 | 3 | 9 | 6 | 1 | 7 |
| 4 | 6 | 1 | 9 | 7 | 3 | 5 | 2 | 8 |
| 3 | 5 | 8 | 6 | 2 | 1 | 9 | 7 | 4 |
| 9 | 7 | 2 | 5 | 4 | 8 | 3 | 6 | 1 |

# Solutions

### 249

| 4 | 1 | 5 | 2 | 9 | 6 | 7 | 8 | 3 |
| 3 | 6 | 9 | 5 | 7 | 8 | 4 | 1 | 2 |
| 8 | 7 | 2 | 4 | 1 | 3 | 9 | 5 | 6 |
| 7 | 3 | 6 | 8 | 4 | 1 | 2 | 9 | 5 |
| 9 | 2 | 8 | 6 | 3 | 5 | 1 | 7 | 4 |
| 1 | 5 | 4 | 7 | 2 | 9 | 3 | 6 | 8 |
| 5 | 9 | 7 | 3 | 8 | 4 | 6 | 2 | 1 |
| 6 | 4 | 1 | 9 | 5 | 2 | 8 | 3 | 7 |
| 2 | 8 | 3 | 1 | 6 | 7 | 5 | 4 | 9 |

### 250

| 6 | 9 | 3 | 8 | 2 | 7 | 4 | 5 | 1 |
| 7 | 2 | 4 | 5 | 9 | 1 | 6 | 3 | 8 |
| 5 | 1 | 8 | 3 | 6 | 4 | 2 | 7 | 9 |
| 4 | 6 | 5 | 2 | 7 | 8 | 9 | 1 | 3 |
| 3 | 7 | 1 | 9 | 4 | 6 | 8 | 2 | 5 |
| 2 | 8 | 9 | 1 | 3 | 5 | 7 | 6 | 4 |
| 8 | 5 | 6 | 4 | 1 | 2 | 3 | 9 | 7 |
| 9 | 4 | 2 | 7 | 5 | 3 | 1 | 8 | 6 |
| 1 | 3 | 7 | 6 | 8 | 9 | 5 | 4 | 2 |

### 251

| 1 | 3 | 4 | 9 | 5 | 7 | 2 | 8 | 6 |
| 5 | 2 | 7 | 8 | 6 | 3 | 9 | 4 | 1 |
| 6 | 8 | 9 | 2 | 1 | 4 | 3 | 7 | 5 |
| 9 | 5 | 8 | 7 | 4 | 2 | 1 | 6 | 3 |
| 7 | 1 | 6 | 5 | 3 | 9 | 4 | 2 | 8 |
| 3 | 4 | 2 | 1 | 8 | 6 | 5 | 9 | 7 |
| 8 | 9 | 5 | 6 | 2 | 1 | 7 | 3 | 4 |
| 4 | 7 | 1 | 3 | 9 | 8 | 6 | 5 | 2 |
| 2 | 6 | 3 | 4 | 7 | 5 | 8 | 1 | 9 |

### 252

| 5 | 6 | 2 | 4 | 8 | 7 | 3 | 1 | 9 |
| 9 | 8 | 3 | 6 | 1 | 5 | 2 | 7 | 4 |
| 7 | 4 | 1 | 2 | 3 | 9 | 6 | 5 | 8 |
| 6 | 1 | 5 | 9 | 7 | 2 | 4 | 8 | 3 |
| 8 | 3 | 7 | 1 | 6 | 4 | 5 | 9 | 2 |
| 4 | 2 | 9 | 8 | 5 | 3 | 1 | 6 | 7 |
| 2 | 7 | 4 | 5 | 9 | 1 | 8 | 3 | 6 |
| 3 | 5 | 8 | 7 | 4 | 6 | 9 | 2 | 1 |
| 1 | 9 | 6 | 3 | 2 | 8 | 7 | 4 | 5 |

# Solutions

### 253

| 9 | 8 | 4 | 1 | 6 | 2 | 5 | 3 | 7 |
| 2 | 5 | 7 | 8 | 4 | 3 | 6 | 9 | 1 |
| 3 | 6 | 1 | 9 | 7 | 5 | 2 | 4 | 8 |
| 5 | 4 | 8 | 7 | 3 | 6 | 9 | 1 | 2 |
| 1 | 7 | 2 | 4 | 9 | 8 | 3 | 5 | 6 |
| 6 | 3 | 9 | 5 | 2 | 1 | 7 | 8 | 4 |
| 7 | 1 | 3 | 6 | 8 | 9 | 4 | 2 | 5 |
| 4 | 9 | 5 | 2 | 1 | 7 | 8 | 6 | 3 |
| 8 | 2 | 6 | 3 | 5 | 4 | 1 | 7 | 9 |

### 254

| 6 | 8 | 9 | 4 | 2 | 1 | 3 | 5 | 7 |
| 4 | 7 | 2 | 5 | 9 | 3 | 8 | 6 | 1 |
| 1 | 5 | 3 | 8 | 7 | 6 | 4 | 2 | 9 |
| 5 | 1 | 6 | 7 | 3 | 8 | 2 | 9 | 4 |
| 8 | 3 | 4 | 9 | 6 | 2 | 7 | 1 | 5 |
| 2 | 9 | 7 | 1 | 5 | 4 | 6 | 8 | 3 |
| 3 | 6 | 5 | 2 | 4 | 9 | 1 | 7 | 8 |
| 9 | 2 | 8 | 3 | 1 | 7 | 5 | 4 | 6 |
| 7 | 4 | 1 | 6 | 8 | 5 | 9 | 3 | 2 |

### 255

| 6 | 8 | 3 | 2 | 9 | 4 | 7 | 5 | 1 |
| 9 | 7 | 2 | 3 | 5 | 1 | 8 | 6 | 4 |
| 1 | 4 | 5 | 7 | 8 | 6 | 3 | 2 | 9 |
| 3 | 6 | 9 | 4 | 2 | 7 | 1 | 8 | 5 |
| 8 | 5 | 4 | 1 | 6 | 9 | 2 | 3 | 7 |
| 2 | 1 | 7 | 8 | 3 | 5 | 9 | 4 | 6 |
| 4 | 2 | 1 | 6 | 7 | 3 | 5 | 9 | 8 |
| 5 | 3 | 6 | 9 | 1 | 8 | 4 | 7 | 2 |
| 7 | 9 | 8 | 5 | 4 | 2 | 6 | 1 | 3 |

### 256

| 3 | 1 | 9 | 6 | 5 | 2 | 8 | 4 | 7 |
| 6 | 4 | 2 | 7 | 9 | 8 | 5 | 3 | 1 |
| 5 | 8 | 7 | 3 | 1 | 4 | 2 | 9 | 6 |
| 8 | 9 | 3 | 5 | 7 | 1 | 4 | 6 | 2 |
| 7 | 2 | 4 | 9 | 8 | 6 | 3 | 1 | 5 |
| 1 | 5 | 6 | 2 | 4 | 3 | 9 | 7 | 8 |
| 2 | 7 | 8 | 4 | 6 | 9 | 1 | 5 | 3 |
| 9 | 6 | 1 | 8 | 3 | 5 | 7 | 2 | 4 |
| 4 | 3 | 5 | 1 | 2 | 7 | 6 | 8 | 9 |

# Solutions

### 257

| 1 | 6 | 7 | 8 | 3 | 9 | 4 | 2 | 5 |
| 3 | 8 | 2 | 5 | 4 | 1 | 9 | 7 | 6 |
| 5 | 4 | 9 | 7 | 6 | 2 | 8 | 3 | 1 |
| 2 | 5 | 6 | 9 | 8 | 7 | 1 | 4 | 3 |
| 8 | 3 | 1 | 4 | 2 | 5 | 6 | 9 | 7 |
| 9 | 7 | 4 | 6 | 1 | 3 | 5 | 8 | 2 |
| 4 | 1 | 3 | 2 | 5 | 8 | 7 | 6 | 9 |
| 7 | 2 | 8 | 1 | 9 | 6 | 3 | 5 | 4 |
| 6 | 9 | 5 | 3 | 7 | 4 | 2 | 1 | 8 |

### 258

| 7 | 2 | 9 | 5 | 8 | 1 | 4 | 6 | 3 |
| 4 | 6 | 1 | 3 | 9 | 7 | 5 | 8 | 2 |
| 8 | 3 | 5 | 4 | 6 | 2 | 1 | 7 | 9 |
| 3 | 1 | 6 | 8 | 7 | 5 | 9 | 2 | 4 |
| 5 | 7 | 4 | 2 | 1 | 9 | 8 | 3 | 6 |
| 2 | 9 | 8 | 6 | 3 | 4 | 7 | 1 | 5 |
| 9 | 8 | 2 | 1 | 5 | 3 | 6 | 4 | 7 |
| 6 | 4 | 7 | 9 | 2 | 8 | 3 | 5 | 1 |
| 1 | 5 | 3 | 7 | 4 | 6 | 2 | 9 | 8 |

### 259

| 4 | 9 | 5 | 3 | 8 | 6 | 1 | 2 | 7 |
| 2 | 1 | 3 | 7 | 9 | 4 | 8 | 5 | 6 |
| 7 | 6 | 8 | 1 | 2 | 5 | 9 | 3 | 4 |
| 9 | 3 | 2 | 6 | 5 | 8 | 7 | 4 | 1 |
| 6 | 4 | 1 | 2 | 7 | 3 | 5 | 8 | 9 |
| 8 | 5 | 7 | 4 | 1 | 9 | 3 | 6 | 2 |
| 1 | 8 | 6 | 9 | 3 | 2 | 4 | 7 | 5 |
| 5 | 7 | 4 | 8 | 6 | 1 | 2 | 9 | 3 |
| 3 | 2 | 9 | 5 | 4 | 7 | 6 | 1 | 8 |

### 260

| 6 | 3 | 8 | 1 | 7 | 9 | 2 | 4 | 5 |
| 9 | 1 | 7 | 4 | 5 | 2 | 8 | 3 | 6 |
| 5 | 2 | 4 | 6 | 8 | 3 | 7 | 9 | 1 |
| 4 | 5 | 2 | 7 | 6 | 1 | 3 | 8 | 9 |
| 7 | 8 | 9 | 2 | 3 | 5 | 6 | 1 | 4 |
| 1 | 6 | 3 | 8 | 9 | 4 | 5 | 7 | 2 |
| 8 | 4 | 6 | 5 | 1 | 7 | 9 | 2 | 3 |
| 3 | 7 | 1 | 9 | 2 | 6 | 4 | 5 | 8 |
| 2 | 9 | 5 | 3 | 4 | 8 | 1 | 6 | 7 |

# Solutions

## 261

| 8 | 5 | 1 | 4 | 9 | 3 | 6 | 7 | 2 |
|---|---|---|---|---|---|---|---|---|
| 3 | 7 | 4 | 2 | 1 | 6 | 9 | 5 | 8 |
| 6 | 9 | 2 | 7 | 5 | 8 | 3 | 4 | 1 |
| 4 | 3 | 9 | 8 | 6 | 7 | 1 | 2 | 5 |
| 1 | 6 | 5 | 9 | 4 | 2 | 8 | 3 | 7 |
| 2 | 8 | 7 | 1 | 3 | 5 | 4 | 9 | 6 |
| 7 | 2 | 6 | 3 | 8 | 9 | 5 | 1 | 4 |
| 9 | 4 | 8 | 5 | 7 | 1 | 2 | 6 | 3 |
| 5 | 1 | 3 | 6 | 2 | 4 | 7 | 8 | 9 |

## 262

| 5 | 1 | 6 | 7 | 9 | 3 | 4 | 2 | 8 |
|---|---|---|---|---|---|---|---|---|
| 2 | 9 | 4 | 1 | 8 | 5 | 6 | 3 | 7 |
| 7 | 3 | 8 | 2 | 4 | 6 | 9 | 5 | 1 |
| 9 | 5 | 1 | 6 | 2 | 4 | 7 | 8 | 3 |
| 3 | 8 | 2 | 5 | 7 | 9 | 1 | 6 | 4 |
| 4 | 6 | 7 | 3 | 1 | 8 | 2 | 9 | 5 |
| 1 | 7 | 9 | 8 | 3 | 2 | 5 | 4 | 6 |
| 8 | 4 | 5 | 9 | 6 | 7 | 3 | 1 | 2 |
| 6 | 2 | 3 | 4 | 5 | 1 | 8 | 7 | 9 |

## 263

| 5 | 3 | 4 | 7 | 9 | 8 | 6 | 1 | 2 |
|---|---|---|---|---|---|---|---|---|
| 6 | 1 | 2 | 3 | 4 | 5 | 9 | 7 | 8 |
| 7 | 8 | 9 | 2 | 1 | 6 | 4 | 3 | 5 |
| 3 | 7 | 5 | 4 | 8 | 2 | 1 | 6 | 9 |
| 4 | 9 | 8 | 6 | 5 | 1 | 3 | 2 | 7 |
| 1 | 2 | 6 | 9 | 3 | 7 | 5 | 8 | 4 |
| 9 | 5 | 7 | 8 | 6 | 3 | 2 | 4 | 1 |
| 2 | 4 | 3 | 1 | 7 | 9 | 8 | 5 | 6 |
| 8 | 6 | 1 | 5 | 2 | 4 | 7 | 9 | 3 |

## 264

| 7 | 6 | 5 | 9 | 1 | 8 | 2 | 3 | 4 |
|---|---|---|---|---|---|---|---|---|
| 9 | 2 | 1 | 4 | 3 | 6 | 7 | 5 | 8 |
| 8 | 3 | 4 | 2 | 7 | 5 | 6 | 1 | 9 |
| 1 | 7 | 6 | 3 | 2 | 4 | 9 | 8 | 5 |
| 4 | 5 | 9 | 6 | 8 | 7 | 3 | 2 | 1 |
| 3 | 8 | 2 | 1 | 5 | 9 | 4 | 6 | 7 |
| 5 | 4 | 3 | 7 | 6 | 1 | 8 | 9 | 2 |
| 6 | 1 | 7 | 8 | 9 | 2 | 5 | 4 | 3 |
| 2 | 9 | 8 | 5 | 4 | 3 | 1 | 7 | 6 |

# Solutions

## 265

| 8 | 2 | 5 | 4 | 6 | 9 | 1 | 7 | 3 |
| 3 | 7 | 1 | 5 | 2 | 8 | 4 | 9 | 6 |
| 6 | 4 | 9 | 3 | 7 | 1 | 8 | 2 | 5 |
| 5 | 1 | 3 | 7 | 8 | 4 | 2 | 6 | 9 |
| 2 | 8 | 7 | 9 | 1 | 6 | 5 | 3 | 4 |
| 4 | 9 | 6 | 2 | 3 | 5 | 7 | 1 | 8 |
| 7 | 3 | 4 | 6 | 5 | 2 | 9 | 8 | 1 |
| 9 | 6 | 8 | 1 | 4 | 7 | 3 | 5 | 2 |
| 1 | 5 | 2 | 8 | 9 | 3 | 6 | 4 | 7 |

## 266

| 4 | 2 | 9 | 5 | 1 | 6 | 3 | 7 | 8 |
| 6 | 5 | 8 | 3 | 7 | 9 | 4 | 1 | 2 |
| 3 | 7 | 1 | 8 | 4 | 2 | 5 | 6 | 9 |
| 5 | 1 | 7 | 9 | 6 | 8 | 2 | 4 | 3 |
| 2 | 4 | 3 | 7 | 5 | 1 | 8 | 9 | 6 |
| 9 | 8 | 6 | 2 | 3 | 4 | 1 | 5 | 7 |
| 7 | 6 | 4 | 1 | 8 | 3 | 9 | 2 | 5 |
| 1 | 3 | 2 | 6 | 9 | 5 | 7 | 8 | 4 |
| 8 | 9 | 5 | 4 | 2 | 7 | 6 | 3 | 1 |

## 267

| 3 | 2 | 5 | 8 | 7 | 6 | 4 | 9 | 1 |
| 8 | 7 | 1 | 4 | 2 | 9 | 3 | 6 | 5 |
| 4 | 6 | 9 | 3 | 1 | 5 | 2 | 7 | 8 |
| 5 | 8 | 6 | 7 | 4 | 1 | 9 | 2 | 3 |
| 1 | 3 | 7 | 5 | 9 | 2 | 8 | 4 | 6 |
| 9 | 4 | 2 | 6 | 3 | 8 | 1 | 5 | 7 |
| 2 | 9 | 8 | 1 | 6 | 7 | 5 | 3 | 4 |
| 7 | 1 | 4 | 9 | 5 | 3 | 6 | 8 | 2 |
| 6 | 5 | 3 | 2 | 8 | 4 | 7 | 1 | 9 |

## 268

| 7 | 8 | 1 | 2 | 5 | 6 | 4 | 3 | 9 |
| 5 | 9 | 3 | 4 | 8 | 7 | 2 | 1 | 6 |
| 6 | 4 | 2 | 9 | 1 | 3 | 8 | 5 | 7 |
| 4 | 5 | 8 | 7 | 6 | 1 | 3 | 9 | 2 |
| 1 | 2 | 9 | 8 | 3 | 4 | 7 | 6 | 5 |
| 3 | 7 | 6 | 5 | 9 | 2 | 1 | 4 | 8 |
| 9 | 1 | 4 | 6 | 2 | 8 | 5 | 7 | 3 |
| 8 | 6 | 7 | 3 | 4 | 5 | 9 | 2 | 1 |
| 2 | 3 | 5 | 1 | 7 | 9 | 6 | 8 | 4 |

# Solutions

### 269

| 9 | 5 | 7 | 3 | 1 | 8 | 6 | 2 | 4 |
|---|---|---|---|---|---|---|---|---|
| 8 | 6 | 2 | 5 | 9 | 4 | 7 | 1 | 3 |
| 1 | 4 | 3 | 7 | 2 | 6 | 8 | 9 | 5 |
| 5 | 2 | 1 | 8 | 6 | 3 | 9 | 4 | 7 |
| 6 | 3 | 8 | 9 | 4 | 7 | 1 | 5 | 2 |
| 4 | 7 | 9 | 1 | 5 | 2 | 3 | 6 | 8 |
| 2 | 8 | 6 | 4 | 7 | 9 | 5 | 3 | 1 |
| 7 | 1 | 4 | 6 | 3 | 5 | 2 | 8 | 9 |
| 3 | 9 | 5 | 2 | 8 | 1 | 4 | 7 | 6 |

### 270

| 5 | 6 | 8 | 7 | 9 | 4 | 2 | 1 | 3 |
|---|---|---|---|---|---|---|---|---|
| 9 | 1 | 2 | 8 | 3 | 5 | 4 | 6 | 7 |
| 4 | 7 | 3 | 6 | 1 | 2 | 5 | 9 | 8 |
| 3 | 8 | 1 | 2 | 5 | 6 | 7 | 4 | 9 |
| 2 | 4 | 6 | 9 | 7 | 8 | 3 | 5 | 1 |
| 7 | 9 | 5 | 3 | 4 | 1 | 8 | 2 | 6 |
| 1 | 3 | 7 | 4 | 2 | 9 | 6 | 8 | 5 |
| 8 | 5 | 4 | 1 | 6 | 3 | 9 | 7 | 2 |
| 6 | 2 | 9 | 5 | 8 | 7 | 1 | 3 | 4 |

### 271

| 8 | 1 | 7 | 2 | 3 | 4 | 9 | 6 | 5 |
|---|---|---|---|---|---|---|---|---|
| 2 | 4 | 5 | 6 | 1 | 9 | 8 | 7 | 3 |
| 9 | 3 | 6 | 7 | 5 | 8 | 1 | 2 | 4 |
| 7 | 9 | 2 | 8 | 6 | 3 | 5 | 4 | 1 |
| 3 | 6 | 1 | 5 | 4 | 2 | 7 | 9 | 8 |
| 5 | 8 | 4 | 9 | 7 | 1 | 2 | 3 | 6 |
| 6 | 5 | 9 | 4 | 8 | 7 | 3 | 1 | 2 |
| 1 | 7 | 8 | 3 | 2 | 6 | 4 | 5 | 9 |
| 4 | 2 | 3 | 1 | 9 | 5 | 6 | 8 | 7 |

### 272

| 9 | 3 | 6 | 1 | 2 | 8 | 5 | 7 | 4 |
|---|---|---|---|---|---|---|---|---|
| 5 | 8 | 1 | 6 | 4 | 7 | 9 | 2 | 3 |
| 2 | 7 | 4 | 3 | 5 | 9 | 1 | 8 | 6 |
| 3 | 1 | 9 | 7 | 8 | 5 | 4 | 6 | 2 |
| 8 | 2 | 7 | 4 | 9 | 6 | 3 | 5 | 1 |
| 6 | 4 | 5 | 2 | 3 | 1 | 8 | 9 | 7 |
| 7 | 9 | 2 | 8 | 1 | 4 | 6 | 3 | 5 |
| 1 | 5 | 3 | 9 | 6 | 2 | 7 | 4 | 8 |
| 4 | 6 | 8 | 5 | 7 | 3 | 2 | 1 | 9 |

# Solutions

### 273

| 5 | 1 | 2 | 7 | 4 | 9 | 8 | 6 | 3 |
|---|---|---|---|---|---|---|---|---|
| 9 | 4 | 6 | 2 | 8 | 3 | 1 | 5 | 7 |
| 7 | 3 | 8 | 1 | 5 | 6 | 4 | 2 | 9 |
| 4 | 2 | 5 | 3 | 6 | 8 | 7 | 9 | 1 |
| 3 | 9 | 1 | 5 | 7 | 2 | 6 | 8 | 4 |
| 8 | 6 | 7 | 9 | 1 | 4 | 2 | 3 | 5 |
| 1 | 8 | 3 | 4 | 2 | 5 | 9 | 7 | 6 |
| 2 | 5 | 4 | 6 | 9 | 7 | 3 | 1 | 8 |
| 6 | 7 | 9 | 8 | 3 | 1 | 5 | 4 | 2 |

### 274

| 5 | 6 | 1 | 8 | 9 | 7 | 4 | 3 | 2 |
|---|---|---|---|---|---|---|---|---|
| 2 | 9 | 7 | 3 | 4 | 6 | 8 | 1 | 5 |
| 4 | 8 | 3 | 2 | 1 | 5 | 6 | 9 | 7 |
| 1 | 4 | 8 | 7 | 6 | 9 | 5 | 2 | 3 |
| 7 | 3 | 5 | 4 | 2 | 8 | 9 | 6 | 1 |
| 9 | 2 | 6 | 5 | 3 | 1 | 7 | 8 | 4 |
| 6 | 5 | 2 | 9 | 7 | 3 | 1 | 4 | 8 |
| 3 | 7 | 9 | 1 | 8 | 4 | 2 | 5 | 6 |
| 8 | 1 | 4 | 6 | 5 | 2 | 3 | 7 | 9 |

### 275

| 3 | 4 | 9 | 2 | 7 | 5 | 8 | 6 | 1 |
|---|---|---|---|---|---|---|---|---|
| 1 | 6 | 5 | 8 | 4 | 3 | 2 | 7 | 9 |
| 7 | 2 | 8 | 6 | 9 | 1 | 3 | 5 | 4 |
| 5 | 7 | 2 | 4 | 1 | 6 | 9 | 3 | 8 |
| 9 | 8 | 3 | 5 | 2 | 7 | 1 | 4 | 6 |
| 4 | 1 | 6 | 9 | 3 | 8 | 7 | 2 | 5 |
| 2 | 5 | 1 | 3 | 6 | 9 | 4 | 8 | 7 |
| 6 | 3 | 7 | 1 | 8 | 4 | 5 | 9 | 2 |
| 8 | 9 | 4 | 7 | 5 | 2 | 6 | 1 | 3 |

### 276

| 7 | 5 | 1 | 3 | 6 | 8 | 2 | 9 | 4 |
|---|---|---|---|---|---|---|---|---|
| 2 | 8 | 6 | 4 | 5 | 9 | 3 | 7 | 1 |
| 9 | 4 | 3 | 1 | 2 | 7 | 6 | 8 | 5 |
| 1 | 9 | 2 | 5 | 7 | 6 | 8 | 4 | 3 |
| 8 | 3 | 7 | 2 | 1 | 4 | 9 | 5 | 6 |
| 5 | 6 | 4 | 8 | 9 | 3 | 7 | 1 | 2 |
| 3 | 2 | 8 | 9 | 4 | 1 | 5 | 6 | 7 |
| 4 | 7 | 9 | 6 | 3 | 5 | 1 | 2 | 8 |
| 6 | 1 | 5 | 7 | 8 | 2 | 4 | 3 | 9 |

**277**

| | | | | | | | | |
|---|---|---|---|---|---|---|---|---|
| 5 | 3 | 1 | 4 | 8 | 2 | 9 | 7 | 6 |
| 4 | 9 | 6 | 1 | 7 | 3 | 5 | 8 | 2 |
| 8 | 7 | 2 | 9 | 6 | 5 | 1 | 3 | 4 |
| 1 | 5 | 8 | 7 | 2 | 9 | 4 | 6 | 3 |
| 9 | 6 | 7 | 8 | 3 | 4 | 2 | 1 | 5 |
| 2 | 4 | 3 | 6 | 5 | 1 | 7 | 9 | 8 |
| 3 | 1 | 9 | 2 | 4 | 8 | 6 | 5 | 7 |
| 7 | 8 | 4 | 5 | 1 | 6 | 3 | 2 | 9 |
| 6 | 2 | 5 | 3 | 9 | 7 | 8 | 4 | 1 |

**278**

| | | | | | | | | |
|---|---|---|---|---|---|---|---|---|
| 1 | 2 | 8 | 4 | 3 | 7 | 6 | 9 | 5 |
| 9 | 3 | 6 | 1 | 2 | 5 | 7 | 4 | 8 |
| 7 | 5 | 4 | 6 | 8 | 9 | 2 | 1 | 3 |
| 8 | 4 | 1 | 5 | 9 | 2 | 3 | 6 | 7 |
| 2 | 6 | 5 | 7 | 4 | 3 | 9 | 8 | 1 |
| 3 | 9 | 7 | 8 | 6 | 1 | 4 | 5 | 2 |
| 6 | 1 | 3 | 2 | 5 | 4 | 8 | 7 | 9 |
| 4 | 7 | 9 | 3 | 1 | 8 | 5 | 2 | 6 |
| 5 | 8 | 2 | 9 | 7 | 6 | 1 | 3 | 4 |